如何说，别人才会听

怎么听，别人才肯说

王介安 著

中国友谊出版公司

图书在版编目（CIP）数据

如何说，别人才会听；怎么听，别人才肯说 / 王介安著. -- 北京 : 中国友谊出版公司, 2019.6
ISBN 978-7-5057-4666-4

Ⅰ. ①如… Ⅱ. ①王… Ⅲ. ①心理交往 - 语言艺术 - 通俗读物 Ⅳ. ①C912.13-49

中国版本图书馆CIP数据核字（2019）第057076号

书名 **如何说，别人才会听；怎么听，别人才肯说**
作者 王介安
出版 中国友谊出版公司
发行 中国友谊出版公司
经销 新华书店
印刷 唐山富达印务有限公司
规格 880×1230 毫米 32 开
7 印张 150 千字
版次 2019 年 6 月第 1 版
印次 2019 年 6 月第 1 次印刷
书号 ISBN 978-7-5057-4666-4
定价 45.00 元
地址 北京市朝阳区西坝河南里 17 号楼
邮编 100028
电话 （010）64678009

/ 推荐 /

◎介安老师的 GAS 口语魅力课程，不仅能在职场上增进人际关系，还能使您的家庭生活更加和乐。

台视公司 / 业务部营业组主任——丁学镛

◎这本书真是太写实了！职场沟通，我们往往忽略了“真正的听”。王老师不仅教你说好话，还要你听好话。

尼尔森营销研究顾问公司 / 总经理——王道平

◎王介安老师 GAS 口语魅力培训，不但使我在职场上受到上司肯定及部下赞同，也让家庭关系更圆满融洽。

永庆房屋 / 居家中心经理——何政熹

◎反复演练 GAS 说话术后，发现介安老师传授的其实是为人处世的智慧。

耿画廊（Tina Keng Gallery）/营销业务——吕季璇

◎上完王老师的课，不仅让我的人际沟通更加顺利，也为我的生活带来更多正面的力量！

泛亚动物医院/兽医师——周毅含

◎从小医师到医美诊所的院长，个性内向的我一度遇到沟通上的瓶颈，王介安老师的口语魅力课程，使我变得更专业、更有自信，十分受用。真心推荐给大家。

星和诊所院长/医美医师——林君晔

◎介安老师带给我们一个系统性的、有效率的沟通模式，同时融合了心理学层面的知识，不仅提升个人修养，更让我们得以深刻地去理解与包容他人，受益匪浅！

倍安保险/副理——林慧婷

◎ GAS 课程，让我面对镜头，更加收放自如，有如“人体定时器”般，掌握时间让听者意犹未尽！

前纬来体育主播、浪 Live 直播、ETtoday 节目主持人——俞西洁

◎认识介安老师前，有沟没有通；认识介安老师后，任督二脉打通！很开心介安老师又有一本宝典问世。

形象顾问——胡孟伶

◎经过王老师 GAS 课程魔鬼般的训练，让我在生活和职场上的沟通力与联想力都有效提升，也为我的谈吐添加了生动的表现。每次上课就像是在做心灵SPA，受益良多。GAS 赞！

工元钢模股份有限公司／模具业务工程师——张哲玮

◎聪明地听，温暖地说，GAS 口语魅力培训让我成为理性与感性兼具的人。

资策会 MIC ／资深产业分析师——张筱祺

◎学习 GAS 是你成为职场胜利组的最佳选择!

日商台湾地区实瞳股份有限公司 / 总经理——郭育穗

◎ GAS 不只是一套理论与技巧，更是一种生活哲学，让我的生活变得更加美好。

冬瓜礼仪 / 总经理——郭宪鸿（小冬瓜）

◎介安老师的口语魅力课程，是我寻觅多年，终于见到的曙光，很多的人生问题都找到了答案。

梦行者音乐活动总执行——陈承玉

◎说出心里话容易，听懂“弦外之音”才困难。先学会“听懂”，才能给出满意的回应。GAS 从职场到家庭，全都受用。

功典信息股份有限公司 / 项目经理——程苑晴

◎“聆听”的确是个学问，亦是有效沟通里最重要却又最容易被忽略的技巧，拿捏得宜可以鼓励说话的人厘清思绪，抱着好奇心去细听弦外之音后，再根据线索追踪提问，才能为沟通发挥最大功效，带来正面的影响。感谢王介安老师的这本工具书，让大家所需的沟通技巧更完整了！

资诚联合会计师事务所（PwC）/ 人才培育暨发展部协理——程钰玲

◎有幸遇上介安老师，学习 GAS 的过程中，“理解、认同、换位思考”，不只练习把话说好，更能让我具体实践，成为一个更好的同事、主管、老公、父亲或儿子。介安老师用 GAS 帮助我，用最简单的方法拆解最复杂的课题。

依视路光学镜片 / 教育训练经理——黄唯恩

◎遇见介安老师前，盼与老板语言同，运用 GAS 沟通后，老板跟前万年红。

新光金控 / 专案助理——詹舒涵

◎通过实践 GAS 理论与技术，我学会观察自己的表达方式，理解他人的内心想法，有效提升了沟通能力。

台湾地区屈臣氏个人用品商店股份有限公司 / 财务部处长——荣德惠

◎沟通是动态的，不是一套死板公式。介安老师的 GAS 课程让我得以掌握这样的动态，帮助我在面对不同性格的对象时能灵活转换不同的沟通方式，调整自己说话的姿态，用最短的时间让表达一次到位！

宏碁计算机 / 产品经理——赵圻轩

◎上完王介安老师 GAS 口语魅力课程后，才发现原来说话是有方法的，不管语气、表情、用字遣词等都会影响对方的感受。现在的我，学会了“沟通”这件重要的事情。

三商美邦人寿 / 业务主任——郑文

◎ GAS 口语魅力训练，对我来说是一个转变固定思维的过程，同时提升了心灵的温度及沟通的技巧。我想，未来当我在职场上成功蜕变为一个有说服力的管理者，除了技巧之外，还有老师这充满能量的课程的帮助，才使我转变成为一个更有同理心的说话人。

台湾地区第一三共股份有限公司 / 产品经理——郑雅云

◎王老师的 GAS 课程，使我公开演说的影响力倍增，更说到听众心坎里！

Yahoo 亚太区 / 资深经理——苏建勋

/ 序 /

懂得“倾听”，让理解世界的能力变得更强大

很多人都觉得我转换了跑道。从传播媒体、营销管理，到专业经理人，乃至于近几年我全身心投入的口语沟通教学工作，这一连串看似转换职场的过程，是有迹可循的。媒体、营销、管理这三种各有专业领域与行业技巧的工作，其实隐含着一个共同的核心价值，那便是“沟通”。

如果你不善于沟通，在媒体圈自然无立足之地，肯定容易吃亏或当炮灰、做垫背；如果你没有高超的沟通技巧，无法转换行业内的专业语言成为通俗语言，无法向消费大众传递理念，如何让消费者买单，创造公司业绩？如果你没掌握好话语的科学精准度，连指令都表达不全，那么你将无法胜任高阶经理人职位，肩负起企业经营的管理大任。

由此可知，无论我们处在怎样的环境，不管我们营销的对象是一个实体商品，还是一堆可以量化的浏览量、一个需长时间塑造的公司形象，或是一门课程……都必须经过“对外推广”的过程。而推广的核心，就是“沟通”。

单纯人与人之间的关系，也需依靠沟通来建立。很多人不擅于沟通，欠缺练习又不积极改变，总会想：“反正我说过了,有没有听懂是他自己的问题。”但这样真的是“沟通”吗?

这些年，出版市场中探讨“说话术”的著作不少，但所谓的“说话术”，其实是一种“回应的艺术”，包含了“听”和“说”两种层面，这是回应的一体两面，缺一不可。先“听懂”才能“说动”，也才能真正达到沟通的目的。

一味积极地表达，拼命说明，只顾着将自己的想法“讲完”，却忘了接收方是否吸收、是否理解、是否认同。这种不在乎对方立场，自顾自地将想讲的一股脑往外倒的方法，不构成沟通。

你或许听过有人这样评论一个人：“他好会说喔！”这句话其实有两个含义：正面理解是，他表达能力很好；而负面理解，便是“请让他别再说了吧！”如果是后者，我们会定义这个人“不擅长说话”。不擅长说话的人，往往也不擅长倾听。因为听与说是双向的人际交流，如果自顾自地说，忘了先去了解对方的思维与个性，在沟通过程中没有体会对方的情绪、表情和言语，那么沟通肯定受阻，你将永远无法了解对方在想什么。

不知道是社会风气使然或某种职场文化的影响，有些人为了气氛融洽，习惯包着糖衣婉转表达，常常话中有话，暗藏弦外之音，让人越听越糊涂。如果你根本不懂得“听话”，抓不到对方的本意，轻则引来一双白眼，重则可能会将自己打入人际关系黑名单，可谓后果不佳。

职场沟通一直以来都是“GAS 口语魅力培训”课程中很受欢迎的内容，上课的学员，有跨国企业领导人、专业经理人、人资主管，当然也有许多各行各业的上班族。越来越多的人意识到“沟通能力提升”能帮助我们在职场上提升“快乐指数”。上过我的课的学员，沟通能力变好了，变快乐了。他们给我很正面的反响，纷纷表示，这是他们听过最有收获的课程，或是我的课程改变了他们的人生。我很庆幸自己有这样的影响力。

我之前出过几本书，分享了“GAS 口语魅力”的理论、方法、技巧，这次出版这本书，希望将“回应的艺术”表达得更加完整，因为在说之前必须先学会“听”，当然这里的听不是指感官能力上的听力，而是理解意识上的听懂。

在我多年教学经历中，通过分析不同的研究对象（个案）遭遇的职场状况，然后进行多次试验、印证，提出人际沟通困境的“破解方式”。书中所提出的个案或例子，都不是绝对的状态，但却是职场沉浮中，每个人都可能遇到的情境。相信读完本书，应该有助于你提升倾听力，唤起自觉力，这将让你“理解外在世界”的能力变得更强大，而不会一直处在“自己的世界”里。

衷心祝福你在职场上如虎添翼、一帆风顺。

好好说话，是一个人的顶级修养。

目录

第一章 / 听不懂话，你就自己做到死

面对上司交代的工作

没听懂上司的意思，上班族工作量暴增、执行方向错误、工作别想推动

日本沟通教师滨田秀彦，曾对日本职场工作者进行研究，发现其中只有3%的部下能够正确掌握主管的期待，换句话说，有97%的人是在根本不了解主管指令的状态下工作。你想想，根本搞不清楚指令，工作成效怎么可能会好呢？这个现象看似夸张，但在台湾地区，我相信也是有很大比例的人是“我们并不是完全清楚主管心里真正的想法”。

很多基层员工面对这类问题，常会不自觉地抱怨说，是因为主管指令传达暧昧不明，“是他自己不把话讲清楚的”——用消极的态度面对。但这样根本无济于事，因为到最后要把工作完成的是你，绕了一大圈做无用功要加班的也是你，被扣绩效奖金的仍然是你。

想要改变这种状况，怎么做？本书可以给你解答。

在第一章当中，我会分享一些常见的真实案例，当你的主管“这样说”时，其实已经隐含了一些不愉快的情绪在里面，此时千万不要再傻傻地以为主管是在称赞你或是安慰你，或是以为主管终于能体恤你的辛劳了。职场上很多话语，不只是表面上的意思。

首先，我们必须了解，主管之所以能当上主管，大多是因为两大因素：年资和战功。

第一种，拥有比你长上许多的年资，在行业里待得久，自然而然地累积了不少实战经验，就算没有什么功劳，也有“身经百战”的经验可以压倒你，“这个我三年前就试过了”“我的经验告诉我，这根本是无稽之谈”，像这类型的主管通常是论年纪比你长，论经验比你丰富，当上主管可以说是理所当然，一点也不意外。

另一种，有可能年纪不大，但是经过几次“战役”都战功彪炳、业绩辉煌，深受老板重视，也因此在职场上一路扶摇直上，当主管的时候总是意气风发，简直是公司的“当红炸子鸡”，气势比人强。

从以上两种情况来看，不管是哪一种，他们以年资及战功压倒你，有可能是自高自大、傲世轻物的个性。根据我们多年研究观察，这类自我意识强、习惯用主观意识去指导部下的主管，在所有主管里面占比 50%~60%，换句话说，在职场上遇到的概率超过一半。

他们在和部下沟通的时候，有一个共同点，往往带着“挑剔”的心情说话。遇到这种有年资（经验）、有战功（业绩）的主管时，身为小职员的我们，面对他们假装的“谦逊”，要如何看出其隐藏在心中的“刚愎自用”作风?

最重要的是，别在他们已经不高兴、不爽、不耐烦，对你有意见的时候，还傻傻去踩地雷、自鸣得意。不想被批得不明不白，那就从本章中寻求解决之道。

GAS 口语魅力教室：

从大方向来说，在职场上面对主管时，最重要的是要了解你的目标：不要因此被打入职场冷宫或是被列入黑名单当中。因此你首先必须主动拉近和主管的距离，让主管了解你并不是如他所想那样糟糕；其次，听到主管贬义的讽刺话语，你必须要先冷静思考、沉着应对，也不要被糖衣所迷惑就得意忘形，不然真的就只能等着吃苦头了！最后，为了达成目标，扭转主管对你已经产生的坏印象，你要使用的技巧就是用能提高好感度的话来响应主管的弦外之音。

G（Goal）：拉近与主管的距离。

A（Attitude）：冷静、理性的态度。

S（Skill）：提高好感度的回话方式。

故事案例：

主管说："真可惜，差一点就……"

弦外之音：

"搞什么啊？！你就不能再努力一点点了吗？"

有个公关公司的大主管，同时也是我的学员，他说了一个真实案例，“有个案子，我们差点儿就拿下了，只差一点点而已，上千万的案子（话语中听得出来他觉得很惋惜）！我跟负责的同事说：‘哎哟！真可惜，差一点就拿到了！’结果那位同事竟然笑嘻嘻地回我：‘谢谢，我也觉得很可惜。’我听到都傻了！他到底有没有搞清楚状况啊？”

是的，这就是主管和部下的认知差异。当你没听懂主管的意思，根本就是犯下第二个错误的开始。

你听到主管跟你说：“真可惜，差一点就……”是不是也曾经觉得主管是在慰劳你呢？特别是你觉得你和主管的关系还不错时，你可能会解读成“主管终于看到我的努力，觉得我还不错了”，这时候，你就倒大霉了！

因为主管的意思是：“搞什么啊？你就不能再努力一点点了吗？”因为站在公司结果论的立场来看，差一点，即使只是1%，就是没达成。这一点，特别是从事业务相关工作的你，更要牢记在心。

主管通常背负着公司的阶段性任务在身上，因此有没有达成业绩目标或是提案成不成，对公司来说只有“YES”或“NO”两种结果，不管你多努力，没做到业绩，对主管来说就是没成功，没成功就是失败！尤其对讲求KPI（关键绩效指标）的公司来说，主管心中盘算的是这次提案所耗费的时间、人力等隐形成本，因此不管你付出的努力是99%还是85%，就算只差1%，从结果来看，都是一样的。

然而主管通常不愿意当面指责员工是为何？毕竟多数主管还是希望营造出快乐的工作环境，因此在表达失望情绪时，就会用包着“认同努力”的糖衣来表达情绪。

身为员工的我们，应该要听懂主管话语中所想要表达的失望，并回复：“我还不够努力，下次一定会针对……的地方加强，努力让业绩达标！”让主管了解你积极进取的一面，还“很有自知之明”地点出自己的缺失，并适时表达你理解主管想要表达的隐含意义，那么至少你不会在这次事件当中被列入黑名单，也不至于让主管觉得你是傻瓜一族。

故事案例：

当主管说："我怎么不知道有这件事？""那件事进行得怎样？"

弦外之音：

"你把我当什么了？""你有尊重我这个主管吗？"

在职场沟通上，最忌讳的莫过于“没听懂”或是“完全会错意”。后者的杀伤力更强大。

所谓没听懂，可能就是照着旧思维、老方法继续一意孤行，结果可能换来主管“再次提醒”，事情不至于一路走到绝境。但如果你是完全会错意，那么就可能引起完全负面的效果，甚至导致你和主管的关系决裂、在公司待不下去，因为你的反向会意，可能会让主管燃起“你在跟我作对”这类型的挑衅想法。

是的，这样对主管来说，就是一种“挑衅”。温文儒雅一点的主管，不会揪着你的衣领质问你，但可能会换个方式问。最明显且常见的是，当主管问：“我怎么不知道有这件事？”这可能代表他已经非常不高兴了！

如果他是记性差的主管，那么建议你先把错怪在自己身上，回复他说：“我记得我上个月好像跟副总您报告过，可能是我记错了，真的很抱歉，到今天上午为止，这件事情的进度是……。”先把错怪在自己身上，再唤起主管的记忆，然后不要忘记主动报告进度。那么，你这次可能可以安全下车。

不过，如果你的主管是偏向独断型、狮子型的人物，那么他那句话背后所隐藏的话是：“你为什么不早点让我知道这件事？你把我当什么了？有在尊重我吗？”这时候比较上道的方法是回复：“是我的疏失，我应该第一时间就让您知道。”就算你其实已经报告过N次也一样，千万不要在当下直接拆穿他：“其实先前已经跟副总您说过了。”这样无异于当场甩他一巴掌，日后你肯定会遭殃。

某上市公司的营销主管跟我抱怨过，当他这样跟部下说的时候，傻傻的下属竟然回复他：“我不是都抄送给你了吗？”部下完全不懂得职场礼节之外，更缺乏敏感度。这种听起来很离谱的事情，常在职场之中反复发生。

我在上课的过程中，都会要求下位者要“换位思考”，这是想在职场上顺利畅行的不二法门。很多部下都会觉得，“明明都抄送给你了，还要怪我没通知你，那我干吗抄送给你啊？”但是，他忘了主管每天的业务量是部下的好几倍，不大可能每天将每一封信都点开来看，就算点开来看也不可能记住每一位同事在处理的每一件事情的进度。因此，养成定时口头报告的习惯，是身为公司员工应该有的基本常识。而主管该如何做好“沟通绩效”，我将在下一章节做进一步说明。

故事案例：

主管说：“这样真的没问题吗？”

弦外之音：

主管心里非常担心：“这么大的问题，你难道还看不出来吗？”

在职场中与主管之间的沟通，最容易出问题的不外乎是“时间、绩效、回报、细节、方式、合作人”这六大项。因此，当主管问你：“这样真的没问题吗？”你就应该要从这几个方向去思考你们正在讨论的话题。

不过，这句话用不同的语气来说，就会有截然不同的意思。我们要学会解读，才能倾听出真正的意义。因此，必须先熟识对方，了解对方，并且在沟通的过程中站在对方立场去设想。也就是说，倾听的功力并不是单纯猜测，或是天生敏感型的人才能做到。有些人总是“少根筋”、不够敏感，其实通过专业训练，或是在每一次沟通时都能用心，基本上就能做到“理解力提升”。

从这个例子来说，你必须先知道你主管是怎样的人。如果他是属于比较没自信、没担当，一贯的作风都是以保守、不要出纰漏为上，等着安然退休型的主管，那么当他这样问你的时候，其实他希望你给他的是“信心”。因此，你可以回复：“报告主管，方方面面我都照顾到了，比如预算、进度……我想是没问题的！”并且概略性地说明你这么做的原因，加强他对你的信心。

但如果你的主管是已经看到他认为的破绽，他也具备喜欢挑战的独断个性，那么他问你这句话时，你该给予他的是“尊重”。很有可能，他心中已经觉得某些地方不对劲了，你应当回复说：“或许有些细节我还没想清楚，不知道您觉得有哪些地方需要特别注意？”先给予他肯定，再询问他的意见。

沟通的过程中，很多人不知道该如何倾听，更多人是听出了“好像话中有话”，却不知道要如何应对，该从何分析起。这时候最重要的就是要先分析说话者的个性，因为即便是同样语词和语气，从不同人口中说出来，可能传达的是不一样的意义。那么，身为员工的我们，对应的态度自然也要跟着相应调整了。

故事案例：

主管说：“你动作（做得）也太快了吧！”

弦外之音：

动作快不见得是好事，太鲁莽也会坏事，他没说出口的可能是：“你有在动脑吗？”

在中文沟通当中常有所谓“弦外之音”，很多都是用“反话”来修饰（掩盖）真正的意思。像这样的“讽刺话术”，很多人都只听到表面上看似无贬义的字词，甚至沾沾自喜，但深入思考便能发现事有蹊跷。

因此，在本章一开始，我便强调在职场上首重“冷静、理性”的应对态度，就算是真的受到称赞，喜悦之情也不宜溢于言表，否则，不仅可能会错主管意思，更可能引起其他同事反感。

最容易让小职员沾沾自喜的就是主管“称赞”你做事小心或是动作快，但是当主管的用字遣词是“你做事还真小心”“你动作也太快了吧！”这类含有情绪字眼的“还”“也太”，那你可就要小心了！因为，他可能并不是在称赞你。

他说你“做事‘还’真小心”，你以为他是在称赞你做事严谨吗？不是的，他其实在嫌弃你动作太慢了，他想说的那句话其实是，“你做事不能快一点吗？”他说你“动作‘也太’快了吧”，他也不是在称赞你做事有效率，他其实是在说：“你做事情也太不经大脑（太草率）了吧！”

如果你没听出主管的反讽，还以为是受到称赞，表现出高兴的样子，那么你就彻底“黑”掉了。主管此时不但嫌弃你动作慢，还会因此觉得你笨，说难听一点，说不定把你归类为“猪一般的队友”。倘若有一天，你明白自己的窘境了，要挽回这样的态势，可得费一番工夫。

在“GAS口语魅力培训”课程中的很多学员都跟我反映，他们就算心里知道主管是在反讽，也不知道面对主管的反讽该如何接招。此时，就先顺着主管的话，并且替自己找个台阶下吧！比方说，主管：“你做事还真小心！”你：“身为员工，小心一点可能是我多虑了。接下来我动作会尽量加快一些，尽早把提案交给您。”像这样，先肯定主管的话，不要当场拆穿他的反话，但依然要提出解决方案（或说我会在何时将×××资料交给您），这样一来，便能化解这次的危机了。

故事案例：

主管说："你最近很忙哦？"

弦外之音：

"忙？你忙什么？我看你是在瞎忙吧！"

当主管反常地关心你，问你“最近很忙哦？”这时候“对啊！超忙的，事情都做不完”和“还好啦！项目差不多都完成了”这两种答案，你会回哪一个？

这两个答案都不好。当主管这样问你的时候，就代表“你有疏忽的事情”，或觉得你时间管理出了问题，更甚者可能觉得你工作根本没效率，整天都在瞎忙。

如果你已经遭受这样的质疑，在沟通上建议你套用“认同→因为→建议→征询”这四个步骤来回应，这四个步骤可以省略其中一两个，但顺序上不会改变。这也是我在“GAS口语魅力培训”研究多年后，得出的非常受用的沟通技巧，对我自己来说都受益良多。

比方说，当主管这样问你时，正确回答是：“我最近好像真的有点忙（认同），因为手边有三个案子在赶（因为），我会赶快厘清手边的工作（省略建议），您有事情要交代给我，或是我要特别注意什么事情吗（征询）？”

面对主管，我们多数时候必须“先”表达认同，但现实生活里可能有些事情与你所想的相违背，这时候我们可以使用“灰色语法”带过，例如使用“或许、可能、应该、好像、大概”等不那么肯定的词语，略为表示赞同，但也留点空间给自己去说明。

“灰色语法”在紧要关头也是很好的沟通技巧，后续章节会陆续提出不同案例，但不建议每次都使用，以免让人觉得你自信心不足或是像墙头草。这招也可以套用在跟客户的交易上，这将在第四章做更详尽的说明。

故事案例：

主管说：“现在很流行这样穿吗？”

弦外之音：

工作场合对于穿着是有不成文规定的，别让主管觉得：“你穿成这样成何体统！”

比较多的年轻职场工作者会遇到的问题是，分不清楚主管是想找话题融入年轻人的群体，还是要挑剔。有时候跟主管的关系变得比较亲近时，甚至误把主管当“自己人”聊开了，特别是提到关于穿着、八卦等流行讯息的话题。

当主管正面称赞你，通常就是你所听到的表面这样，没其他隐藏的意思。在我们的观察研究中发现，多数主管只是用这些“见面开场语”代替招呼语的用法，他只是把“早安”，换成了“这衣服蛮好看的”如此而已。这时候，你不需要太严肃，只要轻轻地道谢即可。因为，主管通常不会想花时间跟你认真地讨论潮流、美食和艺人八卦。

但很多职场新人会太认真看待这个话题，便滔滔不绝地讲起了这衣服的价位、去哪里买的、现在流行什么、怎么搭配最好看等等，开始在办公室献宝，那可能就会换来主管一阵不耐烦。

但是，当主管说“现在很流行这样穿吗？”这种反诘的话语时，那么就不妙了。他心里想的其实是：“穿成这样好像不太合适（穿成这样成何体统）？”这时候如果你还不确定他的用意，可以先保守地问他的想法：“您觉得这样好看吗？”引导主管说出内心想法，当他婉转地说：“嗯……还好。”记住，还好就代表不好！因此你应该回答：“那我明天换个穿着。”然后就结束这个话题，就别再继续探究下去该怎么穿了。

上班族的穿着是门学问，如果你真的拿捏不好，偏偏又遇上爱挑剔的主管，最好的标准就是，看看受大家喜爱的同事或是主管们都怎么穿吧！

另外要说明的是，一般公司的穿着虽有些规定，但是如果你在以创意、创新为主的新兴类型公司上班，建议你也不要穿西装打领带、穿古板套装，融入大家、不标新立异，其实就是最稳妥的做法。

故事案例：

主管说："你觉得这就是最好的吗？"

弦外之音：

"用点心好吗？你根本没提出我觉得最好的那个方案！"

我们先假设一个情境：一个营销团队跟主管报告，即将举行的记者会时间、地点、邀请的人选。然后，主管回了一句：“选在这个地方好吗？”你以为主管是在征询你的意见吗？不，他其实是在否定这个场地，他想说的直述句是：这地方很烂！

在报告提案的过程中，若不合主管的心意，多数主管都不会直接说，他觉得这样很烂、很糟糕、很没效率，他通常都会假装询问你的意见，“你觉得这样好吗？”然后看你的反应。

如果你的反应是：“我觉得A场地很好啊！”这种不经大脑思考的回话，根本就是当场否定他，他若是没把你列入黑名单，日后可能会想办法给你难堪（挑剔你），重大案子也不会交给你处理。因此，千万不要第一时间否定他。

这时候，你可以先引导主管说出他的真正想法或是内定名单，“嗯……这可能不是最好的。您觉得哪个地方更适合？是我没想到的吗？”这时候，如果你幸运一点，主管就会搬出他的内定选项给你。

但如果很不幸地，他“假民主”的个性显现出来，给了你B、C、D三个场地选项，其中B才是他真正心里所想要的，那么你还是要B、C、D三个都去跟进、联系，日后仔细观察他想要的到底是哪一个，但三个都得一一回报状况。

了解主管到底想要哪一个，这就像是一个拼图游戏，你必须先了解主管想象中的样子大概长什么样，找到适合的对象一一去拼凑、排列。用主管的立场，将整幅图画（提案、活动、销售方案等）都想象一遍，就能越来越接近主管的想法。

如果你已经知道他想要的是B选项。那么除非你一开始的提案中D有“非常”优于B的好处，不然，在评比后优劣差不多的情况下，你应该顺从他的意思选择B。

想要让主管改选D，你可以用前面提到的“认同→因为→建议→征询”四大步骤，加上“灰色语法”来扭转情势：

“B是非常棒的场地（高度认同），D也还算不错（灰色语法），因为D场地有……优势，B在这方面只有……（因为），我觉得多了这个优势对我们来说是很好的帮助（建议），不过这是我个人浅见，提供给您参考，您觉得选B还是D好呢（征询）？”

其中 D 场地的优势，最好是以公司利益为出发点。其实执行者会有所谓的“执行者思维”，常希望便宜行事，可能 D 场地很好敲定，承办窗口人员好沟通等，而 B 场地要求很多、很难搞等等，但这可能是上位者看不到或他不在乎的，因此执行者在争取认同的时候，要特别注意换位思考法，提出上位者真正在乎的论述，才有争取成功（或对你比较有利）的机会。

但如果主管还是坚持选 B，千万不要再争取 D 了！因为，只要 D 场地一出问题，你就会首当其冲。

故事案例：

主管说："你最近常加班，注意自己的身体健康！"

弦外之音：

你别搞错了，主管最关心的还是业绩。当他关心你的健康，其实他是想说："有效率一点嘛！光知道加班打疲劳战，不仅把身体搞坏，还会拖垮团队进度的。"

很多主管会演一套温馨戏码，在他下班前看到你还在加班，走到你的位置上拍拍你的肩膀说："你最近常加班，注意自己的身体健康！"很多人感动涕零，觉得主管真是太好了！

"主管很体恤我，觉得我很认真，希望我不要再加班了以免损害健康"……我必须很残忍地告诉你，这很有可能是你一厢情愿的想法而已。或许你的主管真的在乎你的身体健康，但你要知道，对于主管来说，最重要的还是团队绩效。因此在这样的大前提之下，他可能是要跟你说："做事情要有效率！别把身体搞坏了导致拖累团队进度。"除非他说："今天别加班了，案子先搁置吧！先下班回家。"

其实很多员工对加班多少都会抱怨，特别是这几年对于劳资双方的权益界定得比较清楚之后。有些公司甚至明文规定不准加班，或限制加班时数，但员工的工作量却没有减少，这样变相压榨员工、不付加班费的状况越来越多，也导致员工反弹越来越大，抱怨声四起。

对于主管来说，这更形成无形的压力，面对这类型的问题，当然更不能直言明道，只好暗喻、婉转，假借关心之名来达成他的目的。对于一个好的主管来说，他确实希望员工都身体健康（以免拖累公司进度），也希望员工能在规定时间内把事情做完（节省加班费），但他真正的愿望是：业绩！业绩！业绩！很重要，所以说三次。在感性一面，他是在意员工身体的，但在理性一面，也不得不要求你。

只要你记住这一点，就能听懂主管到底想说什么了。这时候就回复主管："谢谢关心，因为手上有……三个案子同时进行中，为了把提案做好一点、增加公司业绩，才需要留晚一点。接下来我会尽快调整时间管理，在规定时间内把事情做好。"这真是个让主管安心又开心的答案。

故事案例：

主管说："我对你的期待很高啊！"

弦外之音：

拜托，别让我期待落空，你难道不能表现好一点吗？

还有另外一种温馨戏码，是主管走到你的位置，拍拍你的肩膀说：“我对你的期待很高喔！”很多职场菜鸟都会因此沾沾自喜，觉得备受重视，“这句话是在鼓励我，还是在给我施加压力？”接下来就是一阵茫然不知所措，不知道该如何解读与回答。

其实，就算主管有勉励你的意思，他真正的意图，仍是希望你达到他的要求。讲直白一点是，“你难道不能表现好一点吗？（我希望你表现再好些！）”也就是觉得你还不够努力、还没发挥实力，或是觉得你根本还在混，没达到他的要求。

这时候建议回复主管：“我希望自己能不辜负主管的期待。接下来我会更加努力，尽力把手上的……案子做好，为团队争取更好的成效。”不管事后是否达成，至少让主管觉得你是一位有冲劲的员工，留下好印象之后，后面的工作就靠你自己的努力了！

身为员工的我们，除了要能听出反讽的话，更要能判断哪些是客套话。而这些为了维持表面和平的话语，和真心话的距离到底有多远？那就要看你是否用心倾听、理解主管的心情。如果你总是听不出来藏在底层的真心话，那么你根本无法了解主管的心声，也就无法按照主管的心意去执行接下来的工作，那么最后只能获得较差的评价。

在沟通的过程中，最忌讳以“自我”为前提，更别奢望任何人都能够无条件赞同你。这世界上所有的理解与体谅都是沟通出来的。所以，放下自我的想法，理解主管的心思，从他们的位置、口气、个性去判断他们真正想要表达的，弄清楚他们的想法，在职场上，你会轻松很多。

第二章 听不懂话，升职加薪都没份

与上司平时的沟通相处

没听出上司心声，无法了解上司并为其分忧解困，加薪、升职的事，永远没你的份

在前一章了解一般主管的心声之后，顺利的话，接下来，你应该会面临高阶主管或老板的挑战。他们的想法和小主管不同，个性、要求、想法都有层次上的差异。在进入本章之前，你必须先了解老板或高阶主管这种成功人士的特质。

这些年，和许多企业家成为好友，我发现他们身上都流淌着六种共同的血液，而这些特质也是很多高阶主管或创业家所拥有的。

解决事情的能力：他们会通过经验、朋友、网络等，“想尽办法”解决问题。

理解事情的能力：他们通常是有慧根的，对人、对事的“感受与理解能力”往往很强。

渴求知识的能力：他们多半有“知识恐慌症”，怕不知道大家在想什么，怕不知道未来的趋势。

好奇事物的能力：同样地，他们常会问这个东西为什么会这样？那件事为什么会那样？充满好奇，总是“想探索世界”。

不愿服输的能力：他们不会轻易被打倒，就算失败了也没关系，觉得“失败就是一种经历”。

全心投入的能力：他们通常希望这件事能成功，因此心无旁骛，“专注度相当高”，不会一下子想这、一下子想那。

综合以上六大特性，往往就能呈现出“专业”，但专业具体来说到底是什么？是知识、能力、经验、技术，这四个面向的综合体。但是，专业代表一切吗？其实不是。

当表达能力与沟通能力无法提升，专业几乎无用。除了上一章所描述的“刚愎自用”的主管之外，在职场待久了，你更有可能会遇到要求绩效、下放权力，但同时各方面也会对你设定高标准的主管。这类型的主管通常具有上述六大特质，他们不一定是独断者，他们愿意尊重部下的想法，较能接受新鲜事物，在公司有引领风向的作用。

他们在公司里德高望重，通常是副总（协理、处长、总监）以上的高阶主管，甚至是你的父亲、母亲、伯伯、叔叔。他们主观意识强烈，懂得享受工作，希望保有良好工作质量。他们有一个共同特征，那就是有“画大饼”的能力，为员工营造美好愿景，让员工愿意为公司争取更多利益。

位高薪多的他们，是如何保有良好工作质量的呢？那就是只动脑不动手，专靠一张嘴。他基本上是希望部下（中阶主管或小主管）要能分担他的辛劳、要能独当一面、要自己搞定一切，最好都不要去烦他，只要给他一张他满意的成绩单就好。

这种不想累死自己，已经不再亲力亲为的大主管，就会用绩效和完成度来要求你。他们之所以能做到高阶主管的位置，主观意识当然更强大。这类型主管主要的职场思维是：他希望你能提出解决的方案或达成绩效的方法，但同时你绝对不能让他没面子。

他希望你不只做完、做满，还要做到好。而好的标准是什么呢？那就是“符合他的期待，做到他脑海中想象的样子”。在这类主管面前，你不能是个没意见的员工，这样会让他觉得你没有价值；但也不能太有意见，因为他骨子里还是希望你能够符合他的预期。

因此，这类主管通常要求部下有能力、有想法、有行动力，更有执行力，其实，他是希望你除了“本分”做完之外，还能够进一步为他承担更多的责任、做更多的事情，或是有更积极的作为。但是很多小主管不懂得这种接近权力中心的“办公室文化”，总要花好几年时间才能领悟，等到领悟之后才猛然发现，身边懂得倾听高阶主管心声的同辈们，早已经上位好几阶。

想要了解上位者“没说出口”的想法，就得先抓住主管的个性，掌握说话者的思考逻辑，站在他的立场设想，就能轻松地抽丝剥茧，听出他的心里话。

GAS 口语魅力教室：

如何在高阶主管心中卡上一个位置，摆脱中阶主管难为的夹心三明治位置，避免只有苦劳没有功劳的可怜中阶主管命运呢？那就是了解高阶主管的“愿望”，并想办法达成。当他这样说，代表他希望你给他的东西不只如此而已，主管没说出口的“愿望”，你听出来了吗？

G（Goal）：让他觉得你是个有利用价值，具有胆识的人。

A（Attitude）：积极、热情。

S（Skill）：①第一时间完全同意他，②提出能达成绩效的建议。

故事案例：

高阶主管说：“这问题你怎么想？我想听听你的想法。”

弦外之音：

他不是真心想听你发表意见，他是想要听到你赞同他想法的声音。

很多时候高阶主管表现出希望你提出想法，比方说："对于这件事情，你有什么想法？""提出你的看法，大家一起讨论看看。"但这不代表你可以大肆宣扬自己的想法或是毫无忌惮地批评，而完全不在乎主管的真正所想。

"这问题你怎么想的？我想听听你的想法""你有什么意见就大方地提出来！大家一起讨论。"这种鼓励发言的大方姿态，创造开放自由气氛的管理手段，是很多大主管最常使用的招数。看似想要营造员工积极参与的氛围，但是，经过仔细观察你就会发现，结局总会导向主管或公司期待的方向，即便这最后的决定与同仁们当初的想法一点关系都没有。

为了你的职场地位，必须要先了解的一个事实是，高阶主管（老板）会优先选择升迁"与自己价值观相同的人"，因为他认为自己绝对是以公司利益为优先考虑，也自认为是为公司设想最周全的人，唯有跟他想法接近的人，才是公司要器重的人。

在这样的情况下，主管问你的想法时，你千万不要一味地批评，必须保持客观、理性思考。请将主管心中所想的答案“包进”你的建议选项当中，让这一场看似开放讨论的场面，最后能用主管所想的方案去执行，采用“集思广益”的执行方式胜出。

当然，你还是可以提出你的见解，但别忘了用客观的立场去分析判断，说话的语气不要过于肯定“自己认为最好的”那个选项，留一点空间给主管去反驳或思考，或是给他一点台阶下。表达的过程中也要多多观察他的反应，最后别忘了将主导权和决定权留给主管去评断。相信一个好主管最后的决定，依然会考虑到成败优劣。

如果，你的想法跟主管的根本相违背，请不要采取直接否定的态度。“这波宣传受到很多媒体的采访报道，扩散率很高，但是……”“新产品的性能虽然比第一代优化，但外观上很不讨喜……”这类型的否定话语，都会当场让主管颜面扫地。

基本上，主管希望你发表意见，讲直白一点，他是想要“听到你赞同他想法的声音”。但如果你刚好意见不同，那就绕过主管的耳朵地雷，包装自己的意见之后再说出口，比方说，“新产品的销售量很不错，比上一代增长了 20%。这阵子也收到不少消费者反馈，很喜欢我们的新产品，算是漂亮的出击（肯定）！因为其中约有 35% 的消费者建议，第一代产品的圆角设计触感比较舒服（因为），如果可以改善这点，或许有机会再扩增销售量（建议）。提出来给您参考看看，不知道副总您觉得呢（征询）？”

用这种逻辑推演的方式，只提实际发生的各种现象，客观说明状况并用数字增加论述性，引导他自己做出结论，并将决策权交给他，表现出尊重，也“偷偷地暗示出”他该改进的地方。

在这样一次次的发言过程中，主管会渐渐觉得你说话很中听，想法与他不谋而合（其实你是利用“试探法”，让主管慢慢说出他真正的想法），这样你就会越来越接近他的想法，好日子自然就不远了。

故事案例：

高阶主管说："这工作对你来说太简单了！我相信你可以做更难的工作。"

弦外之音：

"我想知道你是属于问题主管，还是积极的好主管？"

很多对工作没有太多事业心的人，怕惹事上身，想明哲保身，当然也就不想揽更多事在自己身上。但是，当主管跟你说“我觉得你可以挑战更难的工作”时，摆明要给你更多的工作，你该如何回复才不会让高层失望，也不会搞死自己呢？

在一般情况下，公司里被主管盯上的，肯定是那种“问题员工”，所谓有问题莫过于老是搞不清楚状况、能力不足或是态度不佳等等，其中“好逸恶劳”更是万恶员工之首，千万不要让自己被主管归类到那类群组里去。

所以当主管认为你可以做更困难的事情时，如果你不小心透露出你没有意愿做更多更难的工作，那么你就会瞬间被归类到懒惰员工一族。接下来你不但升职无望，还可能因此被主管盯上，引来更多工作上的麻烦。

这时候，你无论如何都应该要先表现出“全力以赴”的态度，“好啊！我愿意试试看！”搭配你的神情、语气、积极的态度，满足主管对你的期待，让主管对你的印象加分。第一时间的印象很重要，胜过你之后努力老半天却没成效。

在我的“GAS 口语魅力培训”课程中，每当提到这段职场状态，很多学员会不解地发问：“那这样不就为自己招来更大的工作量了吗？工作每天都已经做不完了……”我认为在这种时候，你先别担心这么多吧！你心里怎么想不重要，能否真的挑战成功也不重要，有问题以后再来解决。更积极的想法是，你会因为经历更多事，能力更强大。

面对这样的主管，你必须先满足他的期待，不然你就先黑掉一半了，现在的日子都难以继续下去，还谈什么以后呢？

故事案例：

高阶主管说："这案子就交给你了！"

弦外之音：

有两种可能：第一种，"这案子交给你了，出了纰漏你自己负责"；第二种，"这案子交给你了，你知道该怎么做吧？"

通常在两种情况下，高层会对你说：“这案子就交给你了。”第一种是他根本不想管也不想负责任，甚至也不知道实际执行起来要注意些什么，是一种逃避、推卸责任的无能主观心态。

如果你遇到的是这种类型的上司，那么他说这句话的意思其实是，“这案子交给你了，出了纰漏你自己负责”。应对这种个性的主管，一定凡事都要让他知道，不然到时候出了问题，他一定会在第一时间就把所有过错都怪在你头上。

就台湾地区社会而言，通常是第二种状况。他完整的意思是，“这案子就交给你了，你应该知道接下来‘该怎么做’吧？”这种类型的主管也是本篇当中最常遇见的主管类型——主观意识很强。他心里早就有了方案，还是要假装立场中立，一副让你自由发挥、不会影响你决定的样子。

这一类型的主管（老板）通常工作能力都很强（也可能是他自己认为），因为开疆辟土、经验丰富，对部下的工作也都有自己的意见。在执行方案时，他常会觉得自己表达得很明确、自以为都交代清楚了，接下来你自己应该知道该怎么做了吧？但事实上，他只会给大方向，执行细节模糊不清，因为对他来说，很多细节都是“你应该要想得到”的。因为他认为你已经是主管了。这样的心境，更会投射在“第二代”接班人身上。

甚至他可能也常说：“我还是比较希望……，但你可以自己决定。”记住，这不代表你真的可以自己决定。他只是想要表现出尊重你的样子，假装自己的立场很中立，只是形式上的让你决定，但实质上，就是要你决定他要的那个样子。

这时候应该尽快整理出他心中所想，不要傻傻地就按照自己的意思去执行，也别嫌他拖拖拉拉一直没给你答案，你可以先用“灰色语法”来探探口风，理出他的逻辑线头以免出错。比方说，“目前最可行的三种方案当中，我觉得B方案好像比较好，因为……但是A和C也不差，可能会为公司带来……效益。”

如果他并不赞同B做法，那么他可能就会跟你说：“这样也可以啦，但可能会导致……的后果。”那你就知道他其实并不希望你用这个方案来执行。但如果你选中他心中所想那个“该这样做”的选项，他就会自然而然地说：“对啊，我觉得这样很好！你工作能力越来越好了！”像这样的问法，不但能让你免当“受灾户”，还可能让主管（老板）“发现”你的好，一举两得。

但是，并不是每次都一定要按照主管意思去执行的。如果你已经是中阶主管了，每次都当个“应声虫”不见得是好事，还是要适时地表现出你的专业和判断，才有可能从同事中出线。

你要学会客观判断，把主管意见采纳进来思考，并且冷静分析。不要把主管意见当作耳边风，也不要觉得主管的意见都很没建设性，主管会提出“意见”，那么通常有他的经验值可以参考，当作判断的依据。

如果有一天你可以听出他话语中的关键词，理出思考线，并在“主管的原意下”为公司设想更多，那么你就能一举夺下高分。比较实际的做法是，先肯定主管目前的想法，婉转提出自己的建议，询问主管的意见。让主管觉得你了解他，且思虑周到。最后还要说："对！这样我了解了。谢谢副总！"给他台阶下，把自己的意见归功于他，他便能欣然接受你的提议了。

总结一下，让主管器重你并信赖你的方法，就是当你听到"这案子就交给你了"这句话时，先主动提问，经过充分沟通、确实了解主管想法之后再去执行，千万不要以为这句话的意思是你可以擅自决定。别急着出风头，触怒"天庭"造成反效果，可以用更柔软的态度让自己的才能不被永远埋没。

故事案例：

高阶主管说：“我觉得A提案没太大问题！但我很看好你，你应该有更棒的Idea吧？”

弦外之音：

别管主管说了多少好听的话，他心里想的是：“这提案不够理想。”

当高阶主管（老板）说：“你应该有更好的想法吧？”不管他前面用什么样的糖衣包装，称赞你、激励你，他想说的都是：“这提案不够理想”，而不够理想的原因，有可能不是提案不好，只是因为不符合他脑海中想象的样子。

这时候，你心里想：“我已经提出我觉得A是最棒的Idea了啊！”还第一时间就这样回复主管，那可能不会得到好的脸色。别忘了这类型的主管很好面子，在他已经觉得“这提案不够理想”前提之下，你自己觉得提案再好都无济于事。他当下就是希望你能提出一个更接近他想法的案子（即便他的想法还很模糊），千万不要在这个时候跟他硬碰硬。

很多人在沟通上出问题，不是没想法，不是语意不清，也不是不善言辞，而是没有敞开心胸去“倾听”，永远以自我为中心，用自己的立场去想对方的语意，自然无法准确掌握对方的意思。

有效沟通的重点是，站在对方的立场去设想。而你若能站在主管（老板）的立场去想，也许就能感受到他为什么会这样挑剔你，或是为什么他要这样要求你，进而解除他心中的不安，便能安全过关。

面对这样的疑问，你可以回复他：“请给我一天的时间，我会回去再想想看有没有更好的想法。后天一早再来跟副总报告。”然后，通常已经是中阶主管的你，记得要针对这个提案召开小组会议，大家一起集思广益，一定要想出B计划（想破头也要想），并且分析原本的A计划和现在的B计划各自优劣和差异。

当然，若能做出和去年或往年报告的交叉分析，得出完美结论，那么你在主管心中的地位就能更上层楼。若主管也肯定你提出的B计划，这就产生最大意义了！因为借由这个产生B计划的过程，你更理解主管心中到底在想什么。

这种情境中，最不可取的是，当主管希望你能提出更好的想法，但是你却觉得自己提出的已经是最好的提案（你的耐心瓦解），便让此事随风而逝，当作没发生过，没做任何实质动作来对主管的指示“表示尊重”。即便主管一开始对你是有些许正面期许的，也会在这一刻立刻倒扣变负分，“你把我的话当耳旁风吗？”这种念头一旦升起，就很难磨灭了。我相信，这绝不是你想要的结果。因为，在高阶经理人眼里，除了专业度之外，最重要的就是工作态度。

好态度的表现方式，除了言辞、口气、眼神、回应当下的反应之外，还有付出实质的努力，也就是你事后处理的方式。不管你是要召开会议集思广益、做竞品分析，还是提出不同切入角度的提案，都能让主管看见你的用心。

但是说直白一点，你可以用“敷衍但有技巧”的方式去应付（召开小组会议，但事实上不可能想出更好的提案），但记住，至少要认真分析，婉转地证明你当初的提案是最好的。千万不要什么事都不做！

天下没有不劳而获的事，但也不是每条路都必须披荆斩棘才能通过。只要了解每一句话背后的用意，你可以少走很多冤枉路，而且还能得到比原本更好的回应。

故事案例：

高阶主管说："然后呢？结论是？"

弦外之音：

"然后呢？"看似问接下来打算怎么做，但他其实是在问你"动机"。给他一个漂亮的成效预估表就搞定！

这是最容易让人误解的一题。

在跟主管报告事情跟进度的时候，讲一长串之后才刚语毕，主管就问了一句："然后呢？"这时候很多人都傻了，心想，"什么然后呢？我刚不是都讲完了吗！"如果你也这样想，代表你根本没听懂这三个字的意思。

最糟糕的是，你还回了一句："然后……我想，就是继续看结局会怎样吧！（就让我们继续看下去）"若你做类似这样的回复，可以肯定的是，你当下就会先换来主管的不满或一阵指责。

怎么会这样？"我刚明明都报告完了，从事情的发展到刚刚为止的所有事情，我都巨细靡遗地报告了啊！"因为，对高阶主管或老板来说，你这样的报告完整度只有一半，只说了"事情的始末"，或许你也提出了"做法"，但最后主管最在意的、想知道的是这个提案做法的"动机"。"然后呢？"主管想知道的只有这两点：你为什么要这样做？能达成什么样的成效？

比方说，你的报告过程是这样："针对某某新产品，我想在下个月二十三日，周六下午二点到五点，在 ×× 举办新品发表记者会，邀请苏打绿来站台，这样总预算是 × 万 × 千。”主管此时问了一句：“然后呢？”最糟糕的回复就是：“然后……我想问您是否同意？”主管心中肯定不耐烦，他当然知道你是在征询他的意见，这样回复无疑是废话，对你的印象会立刻大扣分。此时大多职员会回复的是：“然后我想试试看邀请苏打绿来站台的效果如何。”同样是不行的回应。

你应该针对主管最关心的“绩效”来回复问题，比方说，“苏打绿近期因为 ×× 一事，在社会大众心中深植很正面的开朗、进取的文艺形象，与公司的 ×× 产品所要传达的商业形象相符，对公司的品牌形象更有加分作用。所以我想用这个方法提升公司形象。媒体记者对 ×× 会很感兴趣，预计这场活动可以为公司带来 ×× 效益。”然后再拿出你已经做好的曲线图等成效预估数据，明确地告知主管（老板）借由这样的活动提案，可以为公司增加多少业绩，或达到多少的曝光率。

这是一种说服方式，先学会听，才能懂得如何说，懂得倾听技巧便能说服人，达到你的目的，做到真正的“沟通”。想要快速启动提案、完成绩效、拿到奖金，那就得学会听出主管的疑惑、看到主管心中的愿望，提前做好功课，最后给予满意且正确的答复。

故事案例：

高阶主管说："你有什么问题就尽量提出来，没关系，我们开诚布公！"

弦外之音：

"今天就来开诚布公，但是请你不要陷入个人情绪当中，要对事不对人！"

在职场上难免会遇到许多问题是一时之间无法解决的，长期下来，对很多工作同仁造成困扰。而这种复杂又难解的职场习题，通常都牵扯到“人”，所以很多人说“做事容易做人难”，自然有它的道理。

如果因为某些原因而导致工作频频出问题，久而久之，身为主管的自然就必须了解问题并提供协助。对此，主管常会说：“我们今天就不分上司下属（老板员工），来开诚布公吧！”结果你说：“其实，最大的问题就在副总身上，因为上次……，您的决定，让士气低落……”你觉得你如此说，他听得下去吗?

对此，你必须要当一个“上流”的职场工作者。当主管希望你跟他开诚布公，你要知道，他希望你开诚布公的是站在“优化公司利益”的大前提下，所以请你不要陷入个人的情绪当中，说三道四、道人长短，而是应该克服情绪，提出解决方法，“要跨部门协作的话，必须落实填写‘工作需求单’（点出解决方法）会比较好”或者“要改善工作气氛，‘彼此互相鼓励’（点出问题核心）是很重要的”。

在我的授课过程中，学员和我谈到人际沟通中“有人喜欢真小人，而不喜欢伪君子”现象。他说，有些人喜欢别人“直接”说，而不必拐弯抹角，在这个时代“直接讲真话”，也是一种个性。

是的，我们“可以直接说”，但不能出言不逊！正向表达、稳定说话、客气阐述，是我们在口语沟通研究中得到的终极结论。人际关系会产生冲突，多数是因为负面表达、仓促说话、愤怒陈述，导致双方感觉越来越差。不仅目标无法达成，关系也没了。

直接但不伤人的沟通，更是需要技巧。在工作场合里，了解每个工作者的个性，能帮你更轻松地处理好人际关系；理解对方的立场，能帮你更快速地抓住对方想说的重点。

无论如何，从你口中说出来的话语，尽可能“对事不对人”，不要让自己过于主观的、无根据的想法，影响到你的判断。这就是一种直接表达的方式！只是你必须绕过、过滤、剔除掉“情绪”，针对事情来讨论。

面对高阶主管尤其如此。因为身为高阶主管的他们，能坐上这个位子，一定花了不少时间，这段时间遇见过各式各样、形形色色的人，他们对于各种人都不会感到讶异，面对各种情况也能处变不惊。而身为中阶主管的你，在他面前更不能让他看见你的惊慌失措，这样会让他觉得你的自制力很差、处理问题失当，自然不会让你接其他更重要的工作，甚至会因此把你列入“淘汰名单”当中。

人都有情绪，人之所以不快乐，经常是为已经发生的事懊恼后悔，为无法掌控的事担心伤神，甚至会陷入无法自拔的坏心情，这时候你希望主管能体谅你，了解你的处境有多艰辛。因此，你可以“用公司最大利益来包裹你的情绪”。

千万别在职场上说出不经大脑思考的话语，把所有情绪和想法一股脑都说出去，这么做对自己的处境造成的绝对是负面效果，过度情绪化、无法冷静思考的工作者，往往也不会有好的工作成效。

第三章　听不懂话，签约议价谈不拢

面对客户

听出客户的疑虑，签约、议价、售后服务不被为难，业务高手就是你

我曾在许多不同类型的公司任职，也在自己经营的传播公司为很多不同产业进行营销推广，我的职业生涯与营销业务的相关工作一直最密切，因此这些年也累积了一些心得。在业务领域，各类型的公司即使有不同的成本结构、价值判断、业绩要求等，但业务的核心都脱不开“成本、服务”这两大概念，这两个概念可说是抓住客户、让客户愿意买单的重点。

先从客户一端来分析。客户可以分成“静止户、流动户、固定户”三大种。最好的就是固定户了，会固定上门、主动消费的客户是业务人员的主要衣食父母、金质买家；流动户可能习惯货比三家，或是喜欢尝试新事物，对产品或服务的要求比较挑剔，业务人员须不断强化对客户的印象，才能再次拿到订单；还有一种是静止户，就像一潭死水，通常都是纹丝不动，多数是已经没有需求，或根本不和你往来，那就

会被归档到静止户。这类型的客户除非业务人员有可能继续创造需求，不然我建议借助特殊周年庆活动或是跳楼大甩卖之类的，偶尔联系就好，业务人员应将心力放在其他可以创造业绩的客户上，或是选择性积极开疆拓土。

在客户的质量上，我会分成“金、银、铜、铁”四大类型。金质客户就是很爽快，特质是买量多、付款干脆、要求少；银质客户就是买量少、付款干脆、要求不多；铜质客户就是买量少、付款干脆、要求多；铁质客户就是买量少、付款慢、要求又多。

我要勉励业务工作者，如果你的铁质客户很多，你要尽快转变你的客户性质，往金质客户开发。如果你都没有金、银、铜质客户，只好保留铁质客户；但如果你有金、银、铜质客户，那我建议你放弃铁质客户。

如果你必须要保留铁质客户，那么也要将铁质客户培养成铜质客户，至少付款干脆利落，花一样多的时间去和客户沟通，那么至少要确认收款是顺利无碍的，不要花了大把时间还收不到费用。

铜质客户也是可以培养成银质客户的。最重要的是让客户相信你，经由几次交易，他相信你不会唬他，那么要求自然就越来越少。取得客户的信赖，当客户信任你并成为一种惯性之后，他也会习惯你的服务，那么就有机会将铜、铁质客户，往上培养成更优质的银质客户。

很多公司都要建立“客户数据表”，建立客户数据表之前，这个客户要经过严格经验前提的审核机制，除了要签订合约、保密条款，通常也必须经过与采购部门的合作后，确认是信用良好、商誉优秀的合作单位。在这一连串建立客户数据的烦琐过程之后，通常采购单位不会愿意常常修改数据、更新厂商，因为实在太麻烦了。所以，一旦你的客户确认你是优质合作方，那么对于作为客户的采购单位来说，你已经有比较好的基础。只要你好好把握，认真敬业，基本上客户不会轻易把你换掉，基于信赖，订单也不会出太多纰漏。

当然，业务人员的终极目标是成交！不管是业绩上的成交，或是观念上的成交，都是业务人员想达成的。职场上难免会遇到一些“刁钻型”客户，吹毛求疵、话讲不清楚、话中有话，什么事情都会鸡蛋里挑骨头，根据我们研究这类客户约占 30%；有些甚至是“狮子型”的客户，极度讲求效率，要你当下立刻做出确切回应，因为性子急，容易出言不逊，比例更高，约有 50%；更多的是“价钱先决型”的客户，比例趋近 80%，这类型的客户基于经营不易的想法，唯有“给我低价，其余免谈”的最高交易宗旨，就是要你“打折打到骨折，价钱杀到见骨”才肯罢休。

对业务人员来说，有个困境是在签单时，常常腹背受敌。公司的立场要你想尽办法签单，但客户要求多，可能会要更多赠品，或是杀价到接近成本，签单后可能根本没赚，这样到底要不要签？

身为业务人员的你，这三大类型的客户，往往都是阻碍你达成业绩的障碍，你该如何听出弦外之音，又该如何应对才能安全脱身？希望能通过接下来的案例，从中找到属于你自己的心法，转换情势，完成更宏大的业绩目标。

GAS 口语魅力教室：

客户关系维护，是许多公司认为最重要的议题，好的客户、长期的客户，是公司生存的命脉，因此业务同仁如何建立“客情”，如何摆脱客户刁难，顺利签下一张张合约，拿到一笔笔订单，这是业务工作者永远的课题。

G（Goal）：建立与客户的良好关系。

A（Attitude）：热情、专业的态度。

S（Skill）：快速解决问题的回话方式。

故事案例：

客户说："这产品蛮符合我们要求的，只是……我看还是算了吧！"

弦外之音：

利用投石问路法，引导客户讲出心中所想。

从事业务工作的人都知道，前面提到的金质客户可说是少之又少，如果能碰到这类型的客户，对业务人员来说，真是一种福报呀！因为多数客户都会在签约前有但书，有些但书还很刁钻、棘手，而这些但书就是能签约成功的关键了。

在了解客户话语中的弦外之音之前，最重要的当然是，也仍然是要洞悉客户的心思。比方说，你可能很熟悉这句话："这产品蛮符合我们要求的，只是……我看还是算了吧！"这种情况几乎都是客户还想要更低的价格，因为前面这句"这产品蛮符合我们要求的"就代表在产品设计上其实没有太大问题，说出这句话，已经透露出他对产品的满意度，也说明了对你的服务质量也满意。

那么，为什么"还是算了"呢？客户心里想的其实是"一定还有降价空间"（就像你想买一件衣服嫌贵，你可能打算走，其实是想让店员挽留你），此时我们该如何应对呢？如果你直接问他关于价钱上是否无法接受，这无疑是自寻死路，因为这样一问，就算原本对砍价不抱希望的客人，都会瞬间燃起一丝希望，产生"原来还有降价空间啊！"的想法。

这种情况下，建议你使用“投石问路”法，先迂回地问：“是不是还有哪些我能做的？不管是在产品设计上、功能上、外观颜色上，或是价格上，有任何意见都欢迎提出来。”这时候，即便你心知肚明客户是想降价，但也不要只针对价格来询问。

在你“投石问路”的问话法中，若提到客户心中的关键词，他自然会顺水推舟地把想法和盘托出，你们会在对等的基础上共同讨论。但如果你的问题是单选题，只针对某一条件来问，往往自曝其短，“提醒”客户可以要求更多，而万一提出的单一选项又不是客户要的，这样还可能造成客户反感。

顶尖的业务员不会自以为是，也不会过分“热心”帮客户设定“需求”。业务员公式化地将之前客户的需求套用到另一位客户身上，这是一个风险极高的盲点，这样设定，很有可能反而限制了自己的谈判条件。遇上每个客户，但愿我们都能把心态归零。

相对于业务高手，有些菜鸟常常不明所以，一味地介绍产品的优点，这只能满足客户最基本的“利益需求”，并无法让客户真的信赖你，甚至听信你的话。对于讲求人际情感或重视人际关系的多数客户来说（根据我们实际的研究，商业合作的重要前提仍是人与人之间的“感觉”），你后续说再多也无济于事。

与其拼命推销、鞠躬哈腰，不如仔细聆听客户需求，有技巧地正确回应，创造客户信赖感。一方面创造业绩，另一方面也能让客户更相信你做生意的诚信本质，而不是只想要挖他口袋里的钱。将生意谈活了，才有可能建立起彼此的良好关系，而不只是签下一张合约签单而已。

故事案例：

客户说："我是很想成交这笔订单啦！但是，你总要给我一个说法吧？"

弦外之音：

他不想让你知道他没有决定权，只是想要装装老大。

很多年轻的业务同仁，充满拼劲、积极拓展业务、努力认真，但还是会在不懂人情义理的情况下受挫，甚至业绩挂蛋、得罪客户，若不能看清楚这些眉角，业绩自然不可能提升。

曾经有个案例是这样的：小杰是个很认真进取的业务人员，虽然年纪轻轻，但对事业充满干劲，常常在公司加班到最后一个离开，只是业绩却不见起色。一日，他跟我说："我尽心尽力、详细解说了产品的优缺点，客户却老是要我给他'一个说法'，我真的不懂，我不是已经给了一百种说法了吗？"

我问小杰，他当下是怎么回应客户的？小杰说："我就换个方式，把刚才说过的产品特性与市场分析统统再说一次啊。"想当然耳，签单当然没签成，因为小杰根本没有听出客户的需求。

小杰到最后还是搞不清楚状况，"我真的不懂客户要的！说了老半天，该说的不都说了吗？"这几乎是所有新手业务人员都会碰到的状况，根本搞不清楚客户要的到底是什么。回到公司抱怨客户浪费自己的时间，事实上，这笔签单是非常有机会签下来的，小杰只差最后一步了。

客户想要的“说法”，到底是指什么？

通常当客户这样说，你要先明白一件事情，那就是决定权不在他，他后面有个更大的掌权者需要他回去禀报。所以，当他说“你总要给我一个说法吧？”其实是说：“我很想做啊，但是你总要给我一个说法让我去跟主管／老板报告吧？”客户他为了提高自己的地位，不想透露他在公司的位阶，但又想让你以为他有决定权。事实上，他希望你帮他做点事，才会在谈判过程中说出这样暧昧不清的话语。而身为采购的他，当然不可能像你这样巨细靡遗地介绍产品，因为这也不是他主管／老板要的。他希望你帮他归纳重点，给他重点式强而有力的说法（甚至是一种文案），好跟顶头上司报告。

这种情况有点类似写文案时需要下的标题，你可以这样回复：“陈大哥，我来做个总结，看这样您是否会比较好做评估。第一，功能独特：本产品因为 ×× 功能具有 ×× 特色。第二，延长服务：服务年限比一般公司多两年。第三，……”

像这样帮对方归纳重点，让客户清楚地听到“亮点”，并简单罗列出来，千万不要点破他不能做主的事情。如此一来，不但能够签下订单、维系关系，还能创造下一次的合作机会。这就是沟通的重要性。

2016 年，IBM 公布最新“全球高阶主管调查报告：重新定义边界”，全球企业高阶主管认为，未来三到五年“产业融合”将成为影响业务的主要力量；不仅产业间的分际日趋模糊，企业在求才上也越来越欢迎具有跨领域特长的人才。

因此，要进阶具备更完美的业务说服力，建议业务人员也要训练自我的广告文案能力。有些公司的广告营销和业务部门是合并的，在某种程度上其实也暗示了业务同仁必须要有广告营销的能力。

有了这项能力，你就能在最后紧要关头打出漂亮的一击。客户签单的临门一脚，往往都是靠业务的超强说服力，而这充满可信度的说服气氛，都是靠几个漂亮、切中要点的标题式文案（说法）来达成！

故事案例：

客户说："这个案子是不错，但有个地方怪怪的。"

弦外之音：

客户要你帮他厘清想法，他在施展"吸心大法"。

在职场上，我们多少都有机会遇到一种主管或老板是“不知道自己要什么”类型。所以经常在工作中发生的状况是，老板说：“这个案子我想要特别一点的。”但他自己也说不出所谓“特别”是多特别，于是下一句便是，“找三家公关公司来比稿吧！”

最常遇到这种状况的就属设计行业了。很多设计师要推广自己的作品，常需要自己去接洽业务。而这时候若遇到这种“下不了决定、根本不知道自己要什么”的客户，常常都只有做白工的命。真的亏大了！无论是设计的点子，或销售的商品，提案时客户总是说：“这个想法不错，但有些地方怪怪的。”哪里怪？你不用问了，因为客户自己也不知道是哪里怪。

最无奈但也常发生的状况是，很多客户都是在撷取各方想法精华之后，才开始慢慢聚焦，渐渐形成他想象中的样子。在所有设计师、企划部门都已经过招三回合后，老板此时才明白了他自己想要的东西，心底的影像才渐渐清晰。

但身为业务人员的你，难道一开始就不参与其中吗？不参与，就没业绩，这是很现实的情况。但面对客户说不出要改善的具体方向，该如何应对或回话呢？

当客户用“感觉”在做事，业务人员必须要有心理准备长期抗战，说直白一点就是这种客户比较难缠，但一旦对味了，就像是打通任督二脉般，一切都好说。

这时候，你不用反问客户：“哪里怪怪的？”因为他也说不出个答案来，也不会有具体理由。这时候你只要说：“我再回去想想，下周再多提两个案子给您。”你若真需要这案子，回去就得埋首苦干，再多想几个不同方向，帮助客户或老板聚焦。

如果对方是“不知道自己要什么”的类型，其实还算有道德的。让很多业务人员反感的是，“吸心大法型”的客户，对于整体规划根本没有想法，而老是想要抄袭、撷取、吸取别人的经验和想法。

面对这类客户，依据我多年的职场提案经验，奉劝你转换心态。因为这是现阶段难以避免的现象，即便有著作权保护，但也很难杜绝此类现象。因此，遇到“吸心大法”，你只能灵活对待，换个心态去面对。同时，也要更好地保护自己的知识成果不被人窃取。每一次的磨炼都是为了让自己变得更加强大，一个提案、几个创意即便被偷走了也不打紧，你会因此变得更厉害，脑袋里永远有新想法，不怕被窃取。

在职场上的“练功”，不只是练各式各样的职场技艺，更重要的是要练就一身好内功，这样才能在不断强化能力的同时，避免出现内伤。

故事案例：

客户说："这是什么烂东西啊！"

弦外之音：

"花钱就是老大"，当个小弟就能成交。

业务人员的辛苦，或许不是内勤人员能够通盘想象的。先不论风吹日晒，最困难的是每天要面对的客户各有所好、心性迥异，得练就不同心态、不同方式去应对。即便只是一次简单的合作，在交涉或交易的过程中，所产生的摩擦，都是层出不穷。

台湾地区社会的偏差观念，大多客户都会展现出“花钱就是老大”的心态，像这种快速主观的、直接武断的狮子型客户，业务人员首先要秉持住心性，不要被激怒了。一旦你也火大了，那么一切将不可收拾，自然做不成生意。

业务人员首先要“过滤噪声”，去除客户的情绪字眼，如“这个东西做得很烂”“你在搞什么东西”“拿这烂货给我看干吗？”先将这些直接、带有杀伤力的字句摒除，然后抽丝剥茧般地仔细聆听对方的心情，听出他挑剔的原因。

或许他想说的是：“你没说清楚这东西有多好，我哪知道是什么东西？”就好像有些性子比较急的人，接起电话习惯性劈头就说：“找我干吗啦？”他其实也没有恶意，但就是习惯性用苛刻、不耐烦的口气质疑别人。

此时，你可以先放下情绪，调整好自己的心情，先用包容的态度说："很多东西在设计上不见得是十全十美的，我们还有很多努力的空间。如果副总能够提供一些更好的建议，会让我们更进步。"然后务必在对方面前勤做笔记，表示你很乐意听取对方的意见、积极改进。

因为，像这样直来直往型的人，就是急性子，但越直的人往往好恶越是分明。跟这类的人交易虽然情绪上刺激，但只要用大量的耐心去和他磨、用低姿态去收服他，一旦收服之后他就会把你当亲友、当兄弟，之后也就不会找别人做生意了。

看过黑帮片的人都知道，老大只有一个，其他人都是"小弟"，所以对这种"花钱就是老大"的客户来说，除了他以外的人都是小弟。因此你也必须扮演好小弟的角色，千万不要在这类客户面前表现出强势的一面，不要摆臭脸、不要"皱眉"、不要让场面难看，尽量符合他的需求，表现出客户至上、客户为王的良好态度。虽然很难，但一定要做好。

另外，这类客户多是用"交朋友"的方式在做生意，他们认为讲话没必要拐弯抹角。如果你能够跟他建立情感联系，让他信任你，甚至是让客户在其他事情的危急关头也能先想到你、寻求你的帮忙，这便是真的成功。因为这样的信任绝对是用钱买不到的，而客户在意的就是用这种信任构筑起来的安全感。

故事案例：

客户说："这是最低的折扣了吗？""我不想在其他地方看到更低价。"

弦外之音：

他只是在掏钱之前做"最后的挣扎"，再次肯定客户的想法就对了！

有些交易现场的情况是，业务员说了老半天，分析产品优劣，甚至是第一线的门市兜售半天，最后讲到对客户来说的关键词“价钱”时，客户一听就启动敏感神经，丢出一句：“你卖得也没比较便宜啊！我在 ×× 店看到的也是这个价格。”

此时很多业务员会做出完全错误的反应，习惯性地先反驳说：“我们量料比较好啦，这么好的料子不能跟 ×× 比啦！我们真的很便宜了。不同的东西不能这样比较啦！”或许你觉得自己是在理性地为自己的立场护航，为自己刚才的话辩驳，但事实上你却在第一时间否定了你的客户。

在“认同、因为、建议、征询”的谈判大前提下，请牢记一个决胜技巧，那就是：不要否定客户。首先，如果对方讲的是事实，你必须先针对他“其他店面也卖这个价钱”的理论，给予他被认同的感觉。比如说，“是喔，看来现在大家都已经卖到蛮低的价格了”，利用这种“灰色语法”，至少不要明确地否定他。

然后，接着说明白原因，“因为这也是我们的最低价了”，委婉地让他知道你的立场和想法，最后再说出你的结论，“如果这次有机会让我为您服务，真是我的荣幸。如果您有任何需要，都可以随时找我”。最后，还可以为将来的业绩打好基础、放长线，“未来当然希望我们能给您更好的折扣，希望我们能成为长期的合作伙伴”。像这样面对不想领你情的顾客，或是泼你冷水的客户，你先认同对方并且主动表示出热忱，带给他们的印象将是一种深刻的“情感体验”，很可能就此成为你的忠实顾客（许多业务员觉得，同样的东西，我们公司卖得比别人贵，一定卖不出去，就算了！这是很可惜的，也是不对的态度）。

另外还有一种常面临的讲价情况是，客户在最后签约前问出一句“这是最低的折扣了吗？”或“我不想在其他地方看到更低价”之类的话。如果听到客户丢出这样的问句，你不必觉得灰心、不耐烦，不需要出现任何情绪，因为这只是人的“惯性语法”而已，只要拿出一种说法给客户，就可以成交了。

基本上，你不用再费心去揣测客户说这句话是不是又要杀价，事实上他已经在掏钱了，他心里已确定要买，只是想得到最后的认同，你只需要证实他的想法就好了，“是的，这是我们能给的最低折扣了”。只要“认同”他，帮他确认他没有买贵就好了。

人们在购物、客户在下订单时，心中多半会浮现三个无法得出结论的疑虑：第一，会想“不知道还有没有更便宜的东西？”第二，“不知还有没有更好的东西？”当然能找到又便宜又好的东西最好不过了！第三，“这个门市服务生或业务员真的值得信任吗？还是只是为了他的业绩？”

只要了解顾客这层层推进的购物心理，就能理解他们心中的惶恐，自然能做出正确的回应。

故事案例：

客户说：“我再考虑考虑。”

弦外之音：

这只是“NO”的委婉替代句，不是真的要考虑。

你或多或少都有过这种经验，遇到犹豫不决又不好意思果断拒绝型的客人，看货看了很久，或是来店里看超过三次，始终决定不了，最后说："我再考虑考虑吧"；或是你推销了老半天，他都没啥回应，只是自顾自地埋头做他自己的事情。

很多一线的门市人员或业务员听到"我再考虑考虑""我再想一想"，常没听懂客户真正想要表达的，便拼命追加、死命促销，"不用考虑（想）了啦""今天下单，就给你九折优惠"，眼看客户继续往外走，还不忘最后再大喊一句："不然你付现金的话，九折再九折啦！"

这样其实只会让客户更反感而已，一般来说，通常客户这样说就是"不要了"，他已经经过多方考虑，心里盘算了很久，最后或许跟他心中的价差太多，所以他根本不想跟你杀价了；或许他"突然想起来"他有同款衣物；或是他发现东西并不适合他，因此折扣再漂亮都没用。总之，他已经决定不要了。

接触客户，要设身处地地想买方的逻辑，不要因为自己有业绩压力，就完全听不到对方"不要"的心意，在对方都已经拒绝的情况下，还想祭出最后折扣，反而让可能成为潜在客户的人从此大扣分、打退堂鼓，让你“永不被录用”。

其实听到这句话时，你根本不用死缠烂打，礼貌性地说：“没关系，您再想想，有需要随时找我。”创造好印象，给客户良好的购物经历，下次他才愿意再度来看看。只要愿意来看看，就有成交的机会。

有些人在生活中有个“好习惯”，觉得直接拒绝就是“不礼貌”，因此在接到银行或保险员的推销电话时不知该如何是好。有些人会果断地拒绝，也有人总是不忍心挂断电话，如果你真的“于心不忍”，建议你可以说：“因为我没有贷款或投保的需要，我觉得你可以把这通电话的时间留给更需要的人。”如此便能有礼貌地拒绝对方了。

如果你的客户是那种根本无暇听你说话、每次跟他开会他都忙着自己的事情的客户，那就说明你犯了业务员的低级错误，没有掌握好沟通时机点、机会点（Opportunity Point）。

所谓机会点就是“在对的时间做对的事情”，忙碌时不打扰、愤怒时不讨论。比方说，你的客户是旅行社，旅展时间大多定在六七月，这段前置作业期和办展期间，你根本不应该约谈业务，反而应该在办展期间买杯咖啡去慰问辛劳、建立关系。

身为业务员，察言观色的能力要强，在我设计的课程中，我将这种阅人术（识人术）包含在沟通术里面，因为你要有洞悉人心的能力，才有可能达到有效沟通。明白“事缓则圆”的道理，不要拜访时上来就一味地讲解新产品有多厉害，却忘了先了解客户最近在烦恼什么。

若客户对你的产品感兴趣，他的眼神、动作都会表现出来。如果你发现对方兴趣缺乏、心不在焉，建议你省下这个时间，说一声“我改天再来拜访您，先不打扰您了”，因为你接下来就算口沫横飞地讲上一个小时，他一个字也听不进去。

若你旁敲侧击之后发现，客户的公司最近也没啥大事，那么你就该检讨自己的业务力了。很多业务员只顾着滔滔不绝地说他们公司制程多快多好，想法多先进多前卫，自己的业绩有多辉煌，却完全没有留时间给客户发问，客户提问时却一再打断，拼命说个不停。渐渐地，谁会想听你说话呢？

切记！沟通是双向的，适时地留点时间给别人，是一种礼貌。千万别因为说太多，导致听者把你的话语当成“环境音”，根本充耳不闻，那可就糟糕了。

故事案例：

客户说："你们那边没办法做到这一点吧？"

弦外之音：

通常是有替代厂商或要求加码服务才会这样说。

谈生意时，客户惯用的手法之一是用“反问句”。这种反问句可能带有一点威胁性，用反驳或反对你的立场的方式来表现他的不满或抱怨。比方说，客户很爱试探性地问：“你们那边没办法做到这一点吧？”

其实当客户这样说的时候，他想的是：“我知道这样要求有点过分，但还是希望你们能做到。”他借由这样的反问句来说明他的不满之处，表示事情还有点挽回的余地、改善的空间喔！因此，你可以回复说：“请告诉我您的想法或意见，不管设计、服务，还是外观颜色等，都请您跟我说。”这样才有可能探询出对方真正的期望。

但我遇到的更多状况是，客户会这样说，通常是他心中已经有替代厂商了，他心里的话是：“B 厂可以三天之内就交货，你们的货期却要五天！”或是他想借此进一步加码你们的服务：“你们应该没办法（买上衣送裤子）吧？”

在业务沟通谈判里有“条件说”，而当客户丢出这句话的时候，通常也就触及到了“一翻两瞪眼”的关键条件。他接下来就会用这点来决定是否成交，而你的回应绝对是影响这单子能否成交的重要因素。

假设对方进一步说明想要的到底是什么之后，就算你明知道这条件太苛刻，公司不可能做出这样大的退让，你也要说：“我会回去跟公司谈谈是否能做到这点。”不要一开始就斩钉截铁地拒绝，“对，我们真的做不到”这种反应就错了。

此时，你还是要让对方觉得你愿意为他争取看看，以时间换取空间。接下来你要说：“如果公司答应了，希望能就此和您合作。”要用一句话来钓他的承诺，以免后面他又要求更多。

如果你这样说（即便事实上你根本没有跟公司讨论，因为你可能连向主管提出这样离谱的要求都不敢），接下来过几天，或是过几个小时之后，再回过头跟客户说：“我们花了一下午时间讨论，在确保质量不会受影响的情况下，达到您的要求是有些困难的，实在很抱歉。希望以后还有机会帮您服务。”话语中透露出你的坚持，即便成交不成，但你考虑的点若是很正当，还是会得到对方的尊重。在我的业务工作经验当中，曾经也有过多次，我们的态度坚持，最终得到成交的结果。

我建议所有业务人员，请持续保持着积极的态度，因为对很多公司来说，留住客户总是好事。所有的条件都是有讨论空间的，为了保住你的客户，建议可以婉转地向上级提交报告看看，但千万别让上级觉得“你只站在客户立场思考，不站在公司立场想”。要怎么跟公司汇报当然也是一门艺术，你只要说：“客户提出这无理的要求，我觉得有损公司利益，我想，我可能会回绝他的要求，副总您觉得呢？”

故事案例：

客户说："你们的服务很差。"

弦外之音：

搞清楚客户观感差的地方，或许客户针对的地方让你出乎意料。

有个业务交谈的经典案例。A 厂是这行的广告大户，也是出了名的难搞。对 B 公关公司来说却是个绝对不能失掉的主要客户。

小树刚进公司，主管便指派他去接洽 A 公司，更明令“A 公司是我们的主要客户，要是让 A 客户跑了，你也不用来了！”小树一听就知道事情不妙，准备了三个月的企划案，在这一天终于要去提报。

A 公司的窗口人员一开口就没好话，态度很差，防卫心很强，说了一句：“你们的服务很差。”小树觉得奇怪，他尽心尽力，怎么会让对方有这样的误解，旁敲侧击之后才知道，原来是因为前一位业务员不用心，客户积怨已深。

身为业务员要听懂哪些是情绪性批判，哪些是说谎，哪些是用来谈判的，而哪些又是值得追踪的线索。其中举凡针对“人”的言论，可能是针对你，或是你的前任业务员，要搞清楚客户有什么样的感受，觉得哪里服务不周。委婉问清楚后，若知道是因为前人留下的烂摊子，建议你加把劲尽快修护，在客户心中把你的名字画掉之前，扭转情势。

如果客户是针对你，千万不要因为客户的一时情绪性用语就起冲突。若客户对你说出这样的话，你必须要有个心理准备是，后面的谈判会相当不顺利，所以势必要先放下身段，“很抱歉，我刚刚的说法可能让您误解了，其实我的意思是怎样怎样”，重新用和缓的语气和比较委婉的表达方式说一次。

脾气比较爆冲型的客户，很可能会直接打给你的主管，要求换窗口（业务）人员。这时候如果你是业务主管，建议你带着该业务人员去跟客户再次沟通，充当“里长伯”的角色，在两者之间充当润滑剂，甚至可以和部下套好招，“做戏给客户看”，利用三角的联动关系，缓解业务员和客户之间的关系。

在职场上，各行各业的客户种类都不同，或许你们之间不只是买卖关系，更多的是合作关系，那么，面对这些合作厂商，要像理解身边的同事好友一样，去理解他们的立场、心情、作业流程，甚至是公司文化等，因为这些都会影响你合作能否成功。

把客户说不出口、没说出口的需求摆在第一位，那么我想我该祝福你，因为你已经听出那些卡在喉咙里没发出的声音了。

第四章 / 听不懂话，同事关系难搞好

面对同事

某些同事的冷嘲热讽、相互恭维、明争暗斗，“小心茶水间地雷”

职场似乎就是人际战场。曾有这样的说法：“工作中最痛苦的，莫过于想讨好每一个人。”如果我们先有这层认知，或许可以调整心境，不必刻意讨好别人，让每个上班日过得比较自在。但这样的说法，也彰显了好人缘的重要，职场沟通，什么最重要？“倾听技巧”就是致胜关键。

很多人不了解，以为好同事就是好朋友，但根据我多年的研究与观察，好同事变成真心好友的比率不算太高，有些区隔或保护措施还是要做，这样不只是保护自己，也可以让好同事免于不必要的职场灾难。

在和各位分享倾听同事话外之音前，你必须先了解什么是绝对不要跟同事分享的：

一、薪资讨论：这几乎是所有公司明文规定（或潜规则）不得公开讨论或透露的，即便再好的同事也应该避谈这个话题，也请绝对不要打听别人的薪资条件。

二、离职心意：如果你还没跟上级禀报离职一事，你的离职尚未确认，不要跟同事提起，不然有可能你本来还没肯定是否离职，传到老板那里的消息却是确定的了，让你没有回头路。

三、情感八卦：很多职场工作者会用八卦来拉拢其他人，但我建议不要这么做，你可以听但不要主动去说，巧妙地保持中立，简单地用被动式的回应去参与就好。主动传播有可能会构成损害他人名誉的罪名，没必要把自己惹得一身腥。

以上三件事，是我建议不要在同事间讨论的话题。另外一个是新进员工比较容易犯的错误，就是跟其他部门的同仁聊本部门的状况。很多人都觉得，“大家都在同一家公司，有什么关系？”有，当然有，各部门之间的合作关系、利害关系，都需要长时间观察才能体会出来，千万不要轻举妄动。

了解以上几个同事沟通的大原则之后，就要学会倾听，懂得倾听以后发展出好的人际关系就不是难事。根据我们研究统计数据显示：良好的人际关系，可使工作的个人幸福感达到85.6%；一个人获得成功的因素中，85.2%决定于人际关系，而知识、技术、经验等因素仅占15.3%；大学毕业生中人际关系处理得好的人平均年薪比优等生高15.4%，比普通生高出33.2%。这些数字都证明了良好的人际关系在职场中的重要性。

利用倾听技巧，听出对方真正所要传达的声音，拉近彼此距离，办公室的人气王非你莫属。

GAS 口语魅力教室

每天上班、下班，和同事相处的时间恐怕比家人、情人相处的时间都长，如何与同事互动良好，让工作得到协助，上班心情良好，是每个职场工作者的必修课程。相信你一定知道这个道理："我如何对待别人，别人就会如何待我"，但我们往往因为不平衡、不甘心，总是无法"如此执行"。他都这样对我了，我为何还要隐忍？我为何还要帮他？其实，团队互动最珍贵的一点就是"不计前嫌"，如果真能超越明争暗斗，真诚以对，你便会立于不败之地。

G（Goal）：与同事互动良好。

A（Attitude）：热情、积极的参与态度。

S（Skill）：多用"如果需要我，我可以随时帮忙"的语法。

故事案例：

同事说："我跟你说，你不要跟别人讲！"

弦外之音：

办公室的茶水间就是八卦中心，小心别被愚弄了。

“你不要说出去喔”，你一定听过这句话，接下来可能是靠着你耳朵低语，说着有关某个同学或同事的悄悄话，多半是不确定的消息来源，或是传了几手之后的道听途说。甚至有些是由某个嘴型、动作，被远处的同事有心或无意地“误判”之后，就开始你一言、我一语地增添想象，让原本没有的事情，变得绘声绘影，到最后常常演变成“超展开”的情节。

在我们小时候的学习环境当中，可能就有同学这样做，而到了职场，类似的“咬耳朵”情况也同样存在。特别是关于“人”的传言，是很多爱碎嘴的人津津乐道的话题，对当事人来说，也具有强烈杀伤力。曾经有个“GAS口语魅力培训”学员杰瑞很苦恼地来跟我讨论。他遇到的故事是这样的：

小光工作多年之后，成为办公室的明日之星，学历高、反应快、能力好，长得更是一表人才。主管莉萨今年五十五岁，过几年想申请提早退休去环游世界。莉萨很器重小光的能力，希望他能接任自己的位置。因此，莉萨常指派工作给小光，导致小光的工作量比其他同事多上许多，常要加班才能完成。莉萨平时冷酷，但骨子里是个爱护部下的上司，常会借故加班陪小光，以便实时提供协助。

一日上班时，杰瑞在进电梯之前，在两位女同事的背后，听到她们在讨论。

A：“听说莉萨昨天又把小光留到十二点了。”

B：“小光好衰喔！”

A：“超衰啊，被莉萨看上真是倒了八辈子的霉耶！”

B：“看上？什么意思啊？”

A：“哎哟！还能有什么意思？想也知道啊，莉萨都五十几岁了，到现在孤家寡人还没嫁；小光呢，才三十几年轻力壮啊（哈哈），进公司不到几年就接下这么多重要的案子。你不觉得……莉萨都会借故把小光单独留下来吗？”

B：“借故？真的假的？不会吧？”

A：“我跟你说，你不要跟别人说啦，他们之间一定不单纯，现在最流行的不就是姐弟恋吗？”

…………

后面就是一连串的揣测、猜疑，以及九成以上的想象延伸。

职场上这类爱碎嘴、意见多的人，他的自我意识都比较强烈，身为同事的你，不能当面指责他的不是，因为这样可能导致他将炮火或焦点转移对准你，引来不必要的麻烦，后面将更难收拾局面。但要如何面对这种喜欢东家长、西家短，嚼舌根型的人（不管男人或女人）呢？

第一，你要先了解他喜欢“讨论”，是出于怎样的心态。或许他只是寻求疏解，不讲会不舒服、话藏不住的那种八卦仙；或许他城府比较深，和某人有利益关系，才会故意放话。

如果是这种，那么你听就是了，左耳进、右耳出，不要认真听进心里而影响到自己的情绪，当作耳边风听过就算了。但千万不要都不听，适时地花一点时间和同事保持联系是必要的。“茶水间人际关系”变化可谓瞬息万变，想要掌握公司最新脉动和消息，还是必须花时间去“听”。

但如果你公司里有隐形暗流，那么你可要小心了！如果你是“当事人”，或许会很生气，如果你是“局外人”，当这种同事想要毁谤或是落井下石其他同事的时候，你可能会无意间成为他的“代言人”。

这类“喜欢散播型”的人通常比较自恋，很在意自己，在职场上怕人比他强，地雷就是“被踩线”；在感情上怕被忽略，所以他会故意去散播反话，显耀自己的魅力和能力。他们通常心里都觉得自己的能力很好，换句话说，就是自我感觉良好，跟外界客观的评比不见得吻合。

这种人擅长制造战火、建立阵线，喜欢酸言冷语，讽刺别人，扭曲原意。我在课堂中听说过一个学生的案例：

A：“听说洁西姐那组最近的业绩很好耶！”

B：“对啊！他们那组的组员都超强的！”

结果，隔天B就被洁西叫进办公室，“听说你对我有点意见？”B摸不着头绪，便问：“怎么可能？洁西姐是全公司最强团队的Leader，能力是大家有目共睹的。”后来B才辗转得知，A隔天就跑去跟其他同仁说：“我跟你说喔，你不要讲出去，B觉得洁西姐那组的业绩会这么好，是因为组员本来就很强，根本不是洁西姐自己的能力！”一传十、十传百，传到最后变成“B不服洁西姐的领导能力”，当场让B哑巴吃黄连，有苦说不出。

面对心机重、爱嚼舌根的人，你的每一句话都可能被误解，甚至连一个点头都会被解读成“你也这样认同”，隔天传开的消息就会变成，“那个谁谁谁就是这样想的”，引来一连串麻烦。

事实上，面对茶水间的这种八卦，你回应的方法至关重要。最好的方式是，仅针对事情来讨论，不要讨论到人，或是反过来简短地安慰对方，不发表自己的意见。比方说上述案例，你可以回复：“对啊！他们业绩是不错！”简单带过就好。

如果对方进一步追问：“那你觉得是洁西姐会带人，还是小光、阿辉他们本来就很厉害？”你可以这样回复他：“业绩是团队共同努力的成果，面对公司交付的任务，大家都要很认真才有可能达到这种成果。”回答时，尽量不要“针对某人”发表意见，而是要对事情表述想法。甚至也可以邀请同事一起努力，用正能量去影响对方，最后加上：“接下来也请你多多帮忙，我们一起努力达成业绩吧！”

像这样用“正向思考”的笑脸去面对，相信久了之后，对方也不大会主动去找你说三道四，甚至会被你的热情打动，让该同事更专注于工作，发挥自己的长处。

故事案例：

同事说："你真的很与众不同耶！"

弦外之音：

你也太要个性了吧！再这么下去可要当心点。

在一般公司里面，除非是以创意为主轴的公司，不然一般公司的文化都希望大家能够同舟共济，同频同调地一起做事。对公司“老鸟”来说这点尤其重要，对待在公司数十年的老臣来说，“稳定”是他们对这职场的要求。

过于突出的想法、个性、作风，都可能引起公司“老鸟”们的不安。

因此，初来乍到新公司，带你的前辈对你说“你真的很与众不同”或“你也太有创意了吧”时，不管他是笑着说还是板着脸说，你都该理解，他想表达的真实意思有可能是，“你也太要个性了吧！再这么下去可要当心点。”因为，你正在破坏他心中建立已久的安全感，甚至可能已经影响到他的舒适圈。

初入社会的年轻工作者，最是怀抱热忱的时候，但有时候过度急于表现自己，可能就会招来前辈的白眼。我建议新进员工，就算不是年轻人而是转职的工作者，应该先“按兵不动”，广纳别人意见，在了解公司文化之后，再“技巧”地表现自己的才能，切勿鲁莽地展现自我，否则因此踩线或踩雷而不自知。

一般来说，很多公司的学长学姐制度还是很重的，所以无论前辈的能力如何，都请对前辈抱持着恭谦的心态。当前辈觉得你过于突出，或是创意“过度挥洒”的时候，请用谦卑的语气说：“刚才我的浅见也不见得正确，可能还有些我没注意到的疏漏之处，您若觉得不妥，请您不吝指点。当然还是以您的意见为主。”

最后一句是重点，因为会这样想的前辈，通常很怕改变现况，他不希望你剥夺原本属于他的东西，所以你表面上还是要表现出对他的敬重，强调决定权还是在他，不要让他对你树立敌意。

故事案例：

同事说："我一点也不介意，你也别把刚才的事放心上。"

弦外之音：

叫你别放心上，但是，他已经烙印在心里。他想说的是："下次我一定会讨回来！"

前几年在台湾地区相当流行的日剧《半泽直树》，不知道你是否看过，你一定知道最经典的台词就是：“我一定会加倍奉还”。这句台词或许也是很多现实生活中职场工作者的心里话。

你是否也有过，因为和对手公司恶性竞争，或是公司“内斗”，被安上“莫须有的罪名”，心里气得牙痒痒的时候。你心里想着，“下次我一定会讨回来”。但仔细想想，除非你确定要将彼此关系搞到决裂，不然一般情况下，身为一个聪明的工作者，我们很少会如此冲动地说出这样的话，而会用其他言语修饰，而这句的“修饰语法”的代替句很可能就是：“我一点也不介意，你也别把刚才的事放心上。”

如果只是一般同事，可能真的没什么心眼，记得下次别再犯同样的错误就好，判断标准是听他的语气，如果口气带着“酸人”的反讽感，特别是你的竞争对象这样说的时候，你若还想维系关系，当下最好再次加强补充说明，“刚才我真的太冲动（鲁莽）了……”再次诚心道歉。当然啰，你也最好做好随时迎战的准备。

故事案例：

同事说：“好为你开心啊！记得我们是一起进公司的，你这么快就升职了。”

弦外之音：

不公平！凭什么你先升职，根本就是侥幸，不然就是有什么见不得人的原因。

在所有人际互动、社会化的过程中，根据统计，有 61.6% 以上的赞美并非出自真心，但被赞美的人对这种假赞美还是会选择接受，也就是说你明明觉得他没有那么真心，但你还是会接受。这就是一种社会化过程所产生的现象。

我们一般将这种赞美称之为“客套话”。

很多人说话总是客套，这是他长期在社会中摸爬滚打所学到的本领，或许已经“内化”成一种习惯，习惯成自然，对他来说，客套话已经是家常便饭。特别是和不那么熟的同事、新接触的客户、刚认识的新朋友，他可能常说：“哇，没想到副总这么年轻！保养得真好！”“小花，你最近在减肥吗？越来越苗条漂亮了呢。”“你反应好快喔，业绩会这么好不是没有原因的。”

曾有媒体提出“在职场上，先肯定、赞美别人，是营造良好沟通气氛的润滑剂”，是的，懂得赞美，对商务拜访、业务洽谈，都有一定程度的帮助。由此可知肯定、赞美、客套是职场沟通上很重要的技巧。但我认为，分清楚“真心或假意”更能维持你在工作场合的良好人际关系。

除非是亲友或姊妹淘，说出来的话可能比较接近真心，知心好友的真心，绝对可贵。但在职场上可能不是这样。比如你刚升迁，和你同期进公司的同事说："好为你开心啊！记得我们是一起进公司的，你这么快就升职了。"你要知道，这句话有九成的概率是假意。他心里是忌妒你的，觉得公司待他不公，对他来说，他只是想来测试你的反应，试探性地了解为什么公司选择升你而不是他。面对这样的酸言冷语，尽量不要表现出你的情绪。

倘若你对升迁这件事情表示"开心"，他会觉得你在对他落井下石；如果你表示"没什么"，他会觉得你很自大；假使你表示并不想升迁，说不定哪天就传到主管的耳里……

因此在这样的同事面前，特别是这样的节骨眼上，你只要淡淡地说："谢谢，我只是运气比较好罢了。"用这样四两拨千斤的方式化险为夷。就算是平常感情还不错的同事，也千万不要跟他分析你的战功，也不要跟他说你是怎么看待升迁这件事情的，这都可能引来你想象不到的"负面效应"。

另外，你必须了解，赞美只不过是一种职场文化。如何达到赞美得刚刚好、不引起反感，也是一门重要的学问。如果你是发自内心要赞美对方，请尽量讲得具体一些，除了让对方“接话容易”，也不会浪费了自己的一番好意。在职场上，学会沟通技巧固然重要，但千万不要失去自己的一番真心诚意。

故事案例：

同事说：“老板也太不像话了，凭什么小张可以早早下班，我就要陪他去应酬客户。”

弦外之音：

别以为他是真的受了不公平的待遇，其实他心中窃喜自己能与老板如此接近。

一样米，养百样人。在学习沟通倾听的过程当中，最重要的就是了解对方的习性，才有机会真正理解、听出对方所想要表达的意思，你也才能从中达到你的目的。因为个性不同，即便是同样的一句话，常会创造出不同的效果。

比方说，“老板也太不像话了，凭什么小张可以早早下班，我就要陪他去应酬客户”这句话就很有意思。我们必须从交往过程中去了解说话者的个性，如果他平日很喜欢展现自己新买的包包、新的皮鞋，或常主动告诉你他创造了多好的业绩，像这类的人是比较喜欢炫耀的。

如果你了解他，就会知道当这样个性的同事说：“老板也太不像话了，凭什么小张可以早早下班，我就要陪他去应酬客户”，其实有相当精准的意义。他不是在讲老板坏话，他是暗指，“我就是比小张厉害！老板选择带我去应酬客户”，炫耀的意味相当浓厚。此时你可以附和他心中所想，回复他，“那是因为你强啊！你那么厉害，老板才会把你带在身边啊！”他就是想要听到别人称赞他，满足他想要炫耀的心态。即便他表面上没说，但他心里就会把你标记为“上道、状况内、很懂得察言观色、了解公司发展情势”的好同事。

如果你根本不了解对方，会错意，那可能会造成很大的反效果。如果那位同事平常中规中矩、不喜欢加班，处事风格低调，比较一板一眼，当他说出，“老板也太不像话了，凭什么小张可以早早下班，我就要陪他去应酬客户”，那么，他就真的是在抱怨老板、埋怨工时过长，甚至是真的羡慕小张可以那么早下班。

这时候你还跟他说一些赞扬的话，他一定会翻白眼翻到后脑勺。因为对他来说，能准时下班、能有自己的私生活才是最重要的，他对事业职场上的争权夺位并没有太大的意愿。这时候，相对于前面的赞美，你应该要给此类的同事多一点鼓励和安慰：“辛苦了，老板重视你才会把你带在身边啊，和老板接近一点，未来在公司也是有好处的。”

所谓看菜吃饭，量体裁衣，就是这样的道理。不同的人说出同样的语言，也要用不同的方法来面对。即使是同一句话，在不同语气、氛围、说话者身上都可能有南辕北辙的意思，但愿我们都能从日常中多练习察言观色的能力，倾听、反应，都能得其要领。

故事案例：

同事说："难道你不觉得……"

弦外之音：

他只是在寻求安慰，不是要听你分析。

一些主观性强的人通常都有个特征，那就是希望“寻求支持、安慰”。他们常会用“难道你不觉得……”来作为话题的开端，当作发语词。这是一句具有情绪的引导性话语，说者已经将主观性植入其中。

在职场上遇到这样的情况，“难道你不觉得 ×× 公司这样做很瞎吗？”这是一句在主观立场下寻求支持的用语。他想说的是，“×× 公司很瞎！”但他不想斩钉截铁地讲肯定句，不想一开始就把话讲死，因此希望得到更多认同，于是他用一个反问句来寻求安慰。

此时，千万不要给他建议，如果你说：“不会啊，我觉得 ×× 公司这样做很合情合理啊！”这无疑是泼他冷水，他可能会跟你辩驳，你们两个就开始了纷争。理智的讨论或许是好的，但是面对这种“主观意识很强”的人，他们要争到赢才肯罢休，此时便成了一个没有意义的交流。有些人甚至连讨论都懒得跟你讲，一看到你是这种反应，只丢下一句：“算了，我不想跟你讲了。”

他要的是支持，给他支持就好了。我们不需要时时扮演着“正义之神”的角色，特别是男性在面对女性的时候，更容易出现这样的问题。女性的抱怨多数时候只是情绪上的抒发，你只需要说“是喔，好可怜，要是我也会很生气”或“你也太倒霉了吧，遇上这种事情”之类的话就好。其实她并不需要男性精辟的分析，但男性却因为习惯提出解决方案（Solution），说一些看似安慰其实只是火上加油的话，“其实你也不要这样想啦……”或是，“就是因为你这样想，才会心情不好啊！”女性一听就像被点燃的炸弹瞬间爆炸，大概就回你，“算了，我不想讲了”，转头就离开了。

若你面对的同事有这种情况，你又不是那么认同他的话，你可以用比较灰色的语法带过，但如果他分析的对象是“人”的时候，你就要特别小心。

比方说，同事说：“难道你不觉得艾咪很爱自以为是吗？他竟然这样对客户说……”这时候，你要是说“对啊”这种全正面的回应，改天可能就会听到传言说，你说艾咪很自以为是。办公室的流言蜚语不可不防！

讲到人的时候，你可以说：“真的吗？”“有这种情形喔？”“灰色语法”带过，不要直接认同或否定他的说法。传球给他，让他自己去发表演说，你在一旁听就是了。

面对一个主观意识强的人向你寻求安慰，最好的方式就是，让他得到认同并且听他说话，而不是跟他讨论、分析、一起寻找解决方案。

故事案例：

同事说："我什么事情都做不好……"

弦外之音：

同事或许陷入低潮了，但你千万不要给他赞同回应。

有些人可能因为自身的弱点，或是成长过程中遭遇不好的经历，导致他成年后很自卑，对自我总是持否定心态，遇到挫折很容易出现极端低潮，说出“我什么事情都做不好……”这类丧气的话。

他不见得是散发出负能量，而是当他遇到难关时，变成一种低气压旋涡的存在，并不具备向外扩张的那种负面杀伤力，他只是窝在角落暗自哭泣的灵魂。如果你有这样的同事，你要成为一轮暖阳、一根浮木，温暖他的心窝，成为他迷失自我的指引灯。如果他说一些极端丧气的话，你可以去提他成功的经历，唤起他对自己的信心，然后当他的支持者，让他知道还有人关心他。

你可以这样安慰他：“你上次做的那件事情就很棒啊，一定可以克服眼前这关的，再努力一下，一定可以的！”为他加油打气。成熟的社会工作者应该明白，人都需要被别人感兴趣，需要被重视、被了解、被感谢、被赞美，最少也需要被关心，因此，关心周遭的工作伙伴，对自己有益无害。

当然，这也是和没自信、自卑的人建立关系的最佳方法。给予他精神上的支持，“我真的懂你”让他觉得你能同理他的感受；“我知道你现在很为难”让他觉得被了解。其实，这些都不需要花费你多大的力气，对他们来说却已经足够。当他真的把你当朋友之后，他甚至愿意为你卖命，因为他可能比较缺乏朋友的关爱，而你就是他生命中的旭日朝阳，让他觉得“我的心被你的熨斗烫平了”。

故事案例：

寻求帮忙时，前辈说："我很忙耶，没其他人能帮你了吗？"

弦外之音：

你能不能自己用点脑，自己搞定！

职场工作难免遇到困难。有些人是埋头苦干，自己死命研究解决方案，绝口不问人、不求助，不管他是因为打肿脸充胖子，还是因为怯懦不敢寻求帮忙，最后的下场都是自己做到死，甚至还可能做错！

但有更多人是一遇到困难就大声疾呼，找人帮忙，自己不先思考解决方案。这种人动不动就对外寻求帮忙，习惯外人给予支持，但总没想清楚问题点就胡乱发出求救讯号，导致求助对象根本搞不清楚到底要帮什么忙。久而久之，同事很无奈也很反感，不仅要帮你解决问题，还要先帮你厘清问题。

如果你总是说：“大哥，可以请你帮个忙吗？”听者也不知道到底是要帮什么忙，前几次或许还愿意放下手边的事情帮你，但几次之后，前辈应该已经懒得再主动帮你搞清楚状况，他应该会说：“我很忙耶，没其他人能帮你了吗？”因为他觉得你连要帮什么忙都没讲清楚，也该自己先动脑、自己解决吧！

可能他不是不愿意帮你，而是你用错方式了。我建议在寻求沟通的时候，要在第一时间把需要帮忙的状况先讲清楚，“大哥，计算机系统出现问题，××客户那边现在很急着出单，不知道可否请你帮个忙？”“抗UV外套的拉链生产线出问题，下周就要出货，现在必须紧急找其他工厂代替，可以请大哥帮忙协助处理吗？”

像这样把动机讲清楚，快速、清楚地表达出你需要帮忙的部分，让忙碌的同事去辨识他是否能帮上忙，也能理解事情的轻重缓急。若他是前辈，甚至可以第一时间就告诉你接下来的步骤该怎么处理。基本上，前辈他们多半很愿意帮忙的。

但如果经过你说明之后，他仍不愿意帮忙，依然表示“我很忙耶，没其他人能帮你了吗？”大多是他觉得你根本可以自己处理，这件事情不是他该帮的忙，你找错对象帮忙了。

故事案例：

同事说："可以请你帮我……哎哟，算了算了！你已经够忙了。"

弦外之音：

我话都说出口了，你还不帮忙不是让我难堪吗？

有些人很喜欢把话说一半，起了个头却不说完，吊人胃口、引起好奇，以此为乐。殊不知，把事情讲出来才说“算了算了”这种自问自答的语法，其实是一种很“高超”的说话术。

“小明，可以请你帮我把早上的报表整理一下吗？哎哟，算了算了，你已经够忙了！”他故意在你面前自问自答，但其实就是要说给你听，你能给他回应最好，若没做出回应，他自己也早就找好台阶下了。

我建议你不管怎样，都还是要给出回应。如果你愿意帮忙，希望和他往后能够建立更好的伙伴关系，在这样的目标前提之下，你可以说：“我现在手边虽然有一些事情，但没问题，我先帮你处理！”达到他的目标，有助于你们日后的关系。

如果你压根不想帮忙，有技巧地拒绝，也可以免于陷入为难。“哎呀，我真的很想帮你，因为我手边正忙着 ×× 案子，希望下次能够帮你，真的很抱歉。”

第五章 听不懂话，“伏地魔”非你莫属

面对部下

身居公司要职，听出部下心声，让公司运作更顺畅，共同提升公司业绩

这一章节，我希望能帮助上位者了解部下的心声。在了解部下话语中所传达的意思前，身为主管的你必须先学会“尊重”，这是非常重要的职场课题，也会造就公司文化。有些领导者觉得“竞争管理”或“冲突管理”是一种带人的方式，但必须把“尊重”放在最前面。学会倾听、尊重，给予部下激励赞美，才是进步的动力。

职场中最基本的尊重，就是“对话”（Dialogue）。对话，能让对方知道你的工作内容与困难，也让你知道对方的工作内容与困难。“愿意放下成见”去了解彼此，尊重便会慢慢产生。

上位者应该多和下属“对话”。尤其公司政策与员工或主管权益牵扯时，更应该用“对话”先行协商，而不是在会

议中直接宣布，这只会让下属内心感觉很不受尊重，甚至会导致“不知为何而战”的心灰意冷。如果只是少数人受影响（比如工作调度），更应该个别协商，先行告知。这是一个非常基本的领导管理态度。

现实中，许多主管或老板处理与部下的关系时，处理得很粗糙。尊重，是 21 世纪非常重要的职场议题，也是很重要的“说话态度”练习，往往简单一句话就可能让人觉得“你根本不重视我”。

个性强势的人，可以适时强势，但一定要了解自己强势的原因。当强到让对方觉得和你相处很辛苦，那么这样的强势便毫无意义。职场中、生活中、情感中都是如此。强势，很可能把对方的心逼到很远的地方。

理直要气和，得理更要饶人，这是“强势性格的人”的重要功课。在面对部下时，如果你一直属于“强势”方，不尊重对方，最后，很可能导致许多人怕触怒你，进而你便听不到真话，只能听到那些假情假意及阿谀奉承之语。

倘若你已经学会尊重部下，那么进阶的管理方式是“带人也带心”。你必须体会“当下属这样说或这样做”时所表达的意义是什么？身为好主管，听出下属的心声，这样才能够在团队中揪出“老鼠屎”，或是找到职场上的得力好帮手。

如果你总是忽略部下的心声，常觉得“我还有好多事要忙，没那么多时间花在你身上”，便不可能知道“第一线执行者”的困难和处境，自然无法提升团队绩效。当你继续单方面提出数字要求、制定工作规范，或是一味地强调表现、强调成绩，对下属来说，你简直就是职场“伏地魔”。

在这个章节，我想通过真实的案例，点出主管的迷思或上班族不敢直言的真正心声。身为主管的你，当听出这些真心话，不仅能够让工作更顺利，也能让工作气氛更加融洽。

GAS 口语魅力教室

怎样的主管才是好主管呢？这个问题要员工来回答，我想一定没有标准答案。人际互动是“因人而异”的，也就是说不同个性的员工能接受的主管类型是完全不同的，不同个性的员工对主管管理方式的喜好度也是差异很大的。然而，在《孙子兵法》一书中提到“将之五事”（领导者的五件事），却是值得主管们借鉴的，智（有智慧）、信（讲信用）、仁（有仁德）、勇（够勇敢）、严（能严格），如何成为多数部下敬爱的主管，是本章节想分享给你的。

G（Goal）：成为部下敬爱的主管。

A（Attitude）：对下属有“对等”的态度。

S（Skill）：诉说的指令清晰、明确、专业。

故事案例：

部下说："我可以做其他事情吗？"

弦外之音：

"这工作内容也太无聊了吧，我不想做！"

我相信很多主管听到部下提出“我可以做其他事情吗”这样的要求时，心里多少有点不快。或许你会想“挑工作？那你干脆不要做好了！”

对主管提出的要求总是提出抗议，或是挑工作的员工，重视度很快就会下降，甚至有可能工作不保，因为“不服从就没饭吃”，这似乎是职场生存的铁律。但很多年轻人心里却不是这样想的，“现在都已经什么时代了，还在讲什么服从！”

如果你创业自己当了老板，那想怎么发挥创意都可以尽情挥洒；但如果你是领薪水的上班族，那么服从就是一件你必须要学会的事。只是，越来越多的年轻工作者并不懂得这个道理，以为“呛”上级主管，也是一种个性。这些人对真实职场的规则有很大的认知误区。

新人在“服从”上最常犯的错误就是挑工作做。特别是耐不住做一些基础工作，觉得好无聊、好无趣，殊不知了解最基础的工作，其实有助于你日后接下更困难的任务。

太多年轻人“会有自己的一套想法”，觉得自己去过迪士尼乐园玩就是见过世面；以为跟高官助理开会就能借此攀附关系、自抬身价；甚至有些人以为自己家里有点家产就可以天下无敌。一心觉得每天重复的基础工作，只是浪费生命，以为自己一进公司就能直逼主管地位。

或是，也有些自以为是的工作者，习惯了安逸的生活，对主管交办的工作只要觉得困难、太有挑战、不是分内工作，就一概拒绝不愿接受，推三阻四，用一些荒谬借口来搪塞，能闪就躲。或是讲求所谓的“公平”，只要自己的工作比别人多，就吵闹、抱怨，好像整个公司都对不起他一样；不然就是毫不留情地大力拒绝接受新工作。

工作上难免会遇到这样的人，你需要拿出很多时间去教育他。但据我所知，有很多公司会直接请这样的人离开。但身为主管的你，除了解雇之外，难道没有更好的处理方法吗？

在职场上，有所谓的“皮格马利翁效应”（Pygmalion Effect），这原本是心理学名词，1968 年提出，1988 年 J. 斯特林·利文斯顿（J.Sterling Livingston）在《哈佛商业评论》（*Harvard Business Review*）上发表《管理中的皮格马利翁效应》（*Pygmalion in Management*）一文，认为管理者对部下所期待的工作表现，会影响他们对待部下的管理方式。

若管理者告诉部下“你们一定能胜任某些工作并可获得成功”，部下通常能超越管理者的期待而且做得更好，这就是皮格马利翁效应。所以，当工作者提出“我可以做其他事情吗”的时候，你应该先心平气和地问部下为什么会提出这样的要求，找出其中不适性，理解这个问题后面所隐含的动机，并对症下药。

通常员工会提出这种要求，表示他对目前的工作不满已经有一段时间了。这种不满有可能因为他对工作感到无聊，他觉得被埋没了，他希望自己可以挑战更难的工作。

这时候你可以问他，“那你觉得你可以胜任这份工作吗？”用非权力式引导，引出员工真正的想法。他可能会回你，“可以啊，只是很烦琐，占去我很多工作时间”。当你知道他是因为这类的原因而不想接下工作的时候，你就可以借由他的说法回过头来说服他。先分析他的工作内容与这份工作之间的关系，一旦把这份工作做好了，就有助于他更完善地处理好本职工作，也才能增强公司或你自己对部下的影响力。

很多事情都是一体两面，就像一件衣服卖390元也有人觉得贵，他并不是负担不起，而是隔壁店家同一件只卖250元，那390元贵不贵？但他可能同时也觉得4900元的鞋子很便宜，因为这是在周年庆折扣时才买到的价钱，原价要8800元，那相对地，4900元对买主来说就是一个相当便宜的价格。

身为主管，一定要找出部下的真实想法。分析、引导，让员工确实了解每一份工作的意义，激励他，让他愿意为公司主动付出。即使只是小螺丝钉也影响着公司的运作，适时适地给予憧憬，让部下摆脱“好无聊”的工作心态，自然能让部下保有积极的态度。

相反地，也有可能是他觉得你指派给他的这份工作太难了。他担心自己无法胜任，只好在工作开始前，先没自信地提问，以免之后做了挨骂。他其实是想说：“这件事情我可能会搞砸的，我可以做其他（简单一点的）事情吗？”如果遇到这类逃避型、怕麻烦的部下，我想身为主管的你，应该先加强他的自信，分析给他听，为什么你会分派这个工作给他。

你该听出来他话语中的缺乏信心，试着引导他突破自己，启发他往前冲的动力。平时不吝啬给予赞美，开会时大方给予正面支持的态度，这都是让员工有信心的方法。

不过，听到“我可以做其他事情吗”这句话时，你也不用过于担心。往好处想，其实部下已经在向你发出求救讯号，只要你愿意用心倾听，听出下属话语背后所隐藏的情绪和不自信，正确引导，就能帮助团队走向更好的未来。

故事案例：

部下说，“嗯。”“喔。”总是单字回应上司的部下。

弦外之音：

“讲了你又不听，我懒得回应你了，随便你要怎样就怎样吧！”

如果你的部下在工作态度上没有太大的问题，但他面对你时，只愿意当“省话一哥”或“省话大姐”，那么，就代表你们之前的沟通出问题了。一方面他心里有话没说（或不敢说，或不愿说），另一方面即便你心里无奈也需要揣测部下到底在想啥。

部下之所以都用“单字”回应你，是因为他想表达的其实是：“说再多也没用，反正你也不在乎。”身为主管的你，可能对此感到很困扰，此时你应该先检视自己在聆听部下报告时，是否给予对方不舒服的感受？比方说，当部下在跟你报告事情处理的进度和困难时，你是否忽略了对方的感受，只会问：“所以事情到底做好了没？”“结局呢？”老是用这种带有责备和命令的语气在说话，请问谁愿意跟你说心里话？

另外，你或许总是心不在焉，没直视过对方的眼睛，一边忙着其他工作一边和他交谈，不尊重和对方开会的时间（经常让他等很久），也不是很仔细地看部下辛苦整理的报告……这些“糟糕的状况”，有可能不是你故意的，只是因为工作太多、压力太大，但却会让部下觉得你跟他根本不在同一阵线。甚至你可能还会在执行过程中丢一些难题给他，或许你认为你想让他更进步，但他却觉得你在扯他后腿。

身为主管的你，如果是以这样的态度在带人，难怪你的下属不愿意跟你分享他真实的想法了。此时，他对你只想敬而远之，因为你不但不能帮助他解决工作上的麻烦，还可能成为他“工作的乱源”。

身为主管的你，在面对部下报告时，应该要表现出“我很懂你、我在听你说话、我跟你同一条船”的感觉。你还可以适时表达关心：“遇到这种状况，你肯定很困扰吧？”或是用眼神和态度表现出“此时此刻我正在专心地听你说话”“我很关心你”的情绪。

另外也可以试着引导下属说话，或是说出“你刚说的是 ××× 没错吧？”“换句话说，你的意思是 ×××”让部下感受到你的倾听，让他们产生“这个主管值得追随”的感觉，久而久之，下属们自然愿意对你吐露更多。

而更积极的做法是有技巧地训练员工沟通的方式。例如，培养员工不说“没有意义的虚词”，让大家养成习惯，适时纠正，把“喔”“嗯”都改成“好的”“是的”“我立刻处理”等积极接收的回应语。

一开始必须半强迫式地要求省话一哥、大姐们开口说“完整表述句”，训练他们复诵、整理出指令重点。长期规范下来，也可以营造积极热情的团队风格、公司风气。过去我带的团队成员都被我进行过这“小小要求”，都产生正向气氛的“大大改变”。

主管正面的回应、积极的处理态度，都会让对方感受到“被接受”，如此一来就能让部下们更自由无碍地表达自己的看法。当你能够听见下属们真正的心声，他们将不再拒你于千里之外。

故事案例：

“对不起。” 遇到事情只会抱歉的下属。

弦外之音：

“解释没有用的，反正也没人会听，道歉就是了。”

如果部下真的犯错了，身为主管的你，通常都怎么处理？回想你最近几次的处理方式，或许就能理解为什么你的下属总是把“对不起”挂在嘴边。

首先，你必须先有同理心。再者，你必须跳脱批判。当部下犯错，除了让他了解事情的严重性，并妥善处理后续、懂得危机处理之外，最重要的是你必须了解为什么他会这样做，他的思考逻辑是什么，他判断的标准在哪里。

这时候，最忌你表现出“你最好给我一个说得过去的理由”这种态度，这样会给予他“你一定要说”的压力，若遇上个性比较胆小怕事的下属，已经犯错出状况在先，再被你的“气场”压住，他只会更却步，养成有苦难言、咬断牙齿也不敢说出口的习惯，然后你就一句真心话都听不到了。

如果下属遇到事情只会说“对不起”，他心里想的可能是：“反正怎么说，有错的一定是我，直接道歉了事比较快。”这个时候，他多半感受到公司的气氛是高压的，是必须有人出面承担过错，不能轻易表达不同想法的沉闷氛围。

此时，如果你从“你倒是给我说说看”变成“我想知道你的想法”“我想听”“我想知道”的态度，比较偏向同理心的感觉，让他从“不得不说”的压力下解脱，引导对方说出事情的症结点，或许你会发现事情并不是像表面所看到的那样。当部下犯错，你要试着心平气和地说出：“你把真实的情况告诉我没关系！不然，我跟董事长（董事会）说明，也是错的，反而让我们大家都不好。”

很多事情都是一体两面，错也不见得是一个失误，也有可能是一连串事件所引发的效应。如果身为主管的你，在了解“案情”的过程中，尽量不以批判的态度去看待，重视对方心里真实的想法，设身处地地想，就能更快地了解对方的逻辑，以及他最后如此判断的原因。

在全面了解事情的真相之后，用沉稳的口气点出错误之处，在沟通过程中透露出“其实我年轻时也会这样想”或是“曾经我也犯过这样的错”，让他有一种“啊，原来主管也是这样走过来的啊”的感受，拉近彼此的距离，让他从“认同”你到“接纳”你，他或许能更顺利地说出心底的想法。

而身为主管的你，也会因此得到真实的答案，并更受到部下的爱戴和敬重。

故事案例：

部下说：“可以给我一点方向吗？”

弦外之音：

“到底要怎样，不说清楚，我又不是你肚子里的蛔虫！”

在“GAS 口语魅力培训”的课堂上主管不少，这些有关职场沟通的内容，对他们来说，都是人生的功课。不同位阶的管理者，有着不同的沟通困扰。和员工沟通上出问题，不仅浪费工作时间，也会引起各式各样的纠纷。

而大主管、老板最令人诟病的常常都是缺乏“话语的科学精准度”。这可算是职场不同层级沟通上的最大问题。如果你的部下跟你说，“可以给我一点方向吗？”代表你指令给得不准确，或是交代工作的执行方向不明。

他心里想说的其实是：“指令不清不楚就要我去做，做错又要被骂！我又不是你肚子里的蛔虫！”或是“什么都没说就要我去做，当我算命的喔？我去掷筊好了！”如果你的员工有这样的想法，怎么可能为公司（团队）带来正向的影响呢？

为了避免造成员工的困扰，身为主管或老板的你，要注意你给的指令一定要精确。比方说，你觉得部下提出的营销提案没创意，且缺乏多元面向，你可能说：“我觉得这个营销案不够丰富，再去补充！”结果两天后部下只是针对原本的提案再扩充，而你针对原本企划案中不完善的地方，如缺乏创意，少了多元面向的推广等等都没修正，岂不是浪费彼此的时间？

如果你当时说："请再增加营销案的不同面向，比方说，网络媒体的部分也要规划，这部分请再增加三到五种扩散媒体和操作方式。另外我希望这个提案不要跟半年前的 ×× 案过于雷同，希望你能提出更有创意的想法，像是上一季你提的 ×× 案，我就觉得很棒、别出心裁。修改的提案请在下周五下午三点以前，发到我信箱，谢谢你。"

像这样的指令，其中暗藏了很多科学的"精准度"：

(1)方向："请再增加营销案的不同面向"，点出没创意、缺乏多元推广方案等不足之处。

(2)数量："请再增加三到五种扩散媒体和操作方式"。

(3)标准："像是上一季你提的 ×× 案，我就觉得很棒、别出心裁"，先暗示他这一提案跟哪个企划案过于雷同，让他心里有个底，并让他知道你觉得什么样的东西叫"创意"。像这种没有统一标准的主观式想法，你必须让对方明确知道你的标准在哪。

（4）时间："下周五下午三点以前"，下指令时，别忘了让对方明确知道结案时间，最忌"越快越好"，或是"做好就给我"之类没准确时间的指令，最后往往是气死自己。

主管给予指令，最让部下感到困扰的，往往是"预算"。对于有经验的主管来说，每个案子要花多少预算去规划都是"哑巴吃汤圆心里有数"，这来自于多年的执行经验与认知。即便没有明确具体的数字，但主管心里也大概知道"预算级距"在哪。

但对于缺乏经验的员工来说，这是件无从"感应"的事情，特别是在大公司财务不透明的情况下，更是一个难以捉摸，甚至毫无概念的天书，却也是影响员工在创意发想、执行企划时最重要的事。

如果主管能在一开始就清楚交办预算范围，对于部下来说，会是个明确的方向，因为对于资历尚浅的员工来说，他们无法在一开始就知道公司的决策，一个案子是要花两亿还是两万来做，一个产品要花五十万来开发还是五百万，对他们来说都是完全不同的思考方向。

了解员工的困难，借此加强部下的工作概念与认识，也是身为主管的你应该要做到的事情。千万不要什么都不说清楚，就逼员工去想，这样不仅浪费公司人力资源，也会削弱员工对你的敬仰程度。

故事案例：

部下说："为什么派我去做？"

弦外之音：

"又不是我的分内工作，干吗叫我去做？"

员工训练也是公司必须付出的隐形成本之一。身为主管的你，无形中也肩负起这项教育工作。你要求部下提案时，他提出一个案子之后，总是说："我想不出更好的方案了。"明显想用一个提案打发你；或是你指派新任务时，他第一时间就说："哈？为什么是我？"此时，如果你是主管，你会如何应变？

像这种可以归类为"不愿意挑战自我"的员工，在职场上喜欢避重就轻，做事情喜欢挑着做，不仅在提案上不愿意多花心思去想，指派工作给他时，他也常会反问："为什么是我？为什么不是××？"

有点工作经验的人都会知道，这样的质疑、这样的问法对主管是种不敬。毕竟公司要正常运作，需要每个人的努力，不愿意付出的人就会遭到淘汰，倘若团队成员凡事推诿，这样下去，"生病"的会是整个公司。

但有些人坚持自己的理念，不愿意改变自己的想法与做法，甚至因为从小备受家长宠爱，要求凡事都要"公平"，没有"能者多劳"的概念。这样的想法很容易让身为他上司的你很头疼。

身为主管，遇到这样的员工，工作无法顺利交办下去，该怎么办？如果每个人都要求一样的工作内容，那么“适才适任”的道理又何在？所以当某位部下一再坚持自我，对于新工作的内容不愿意接受，或是对于主管交办的事情总是保持着“有做就好”的心态，你可以找个适当的机会跟他“恳谈”，可能还得“恳谈很多次”，才能让他明白个中道理。

我的一位学生，也是经理人，他曾表示：“职场上重视团体工作，而团体工作不是每件任务都很有趣、轻松，或都是你喜欢做的。当你被指派做某件你不想做的事，还能全力以赴达成目标，就容易增加主管对你的好印象。”他说得真好，其实，你也可以多多利用公开场合或开会时间，传达类似的理念，没有对象性，纯粹跟团队分享，相信久而久之，这样的“教育”还是能达到一定效果的。

当你听到“为什么派我去做？”建议你可以先去了解员工为什么会给你这样的回应，或许他只是一时茫然，缺乏创造力，你或许可以凭借自己的经验，给他一点指引，让他有更明确的方向。

如果对提案老是“只提一个”的员工，你初期可以先给他提案的想法，激发他去思考，例如，“我觉得你这个提案也不错，但你有没有想过可以试试看改用网络营销的方式打入市场？做营销的方式还有很多，除了这两个之外，或许消费者抢先试用也是一种方式。你再想想看，下周一下班前提三个案子给我，把企划案发到我信箱。”先提供给他想法，触动他的灵感，最后不忘给他明确的指令，时间、内容、报告方式都讲清楚。

或是指派新工作的时候，不要用“小金，×× 案子你去接手处理！”这样听者会觉得很莫名其妙，心里难免会有“××又不是我的客户，为什么是我去处理”的疑惑，“为什么派我去做？”不是恶意顶撞，只是不明所以又不懂得修饰罢了。

为了避免这种事情发生，建议身为主管的你，在指派新任务时，简单说明为什么是指派他，以及他接下来的新任务要特别注意什么，要达成什么样的目标，让员工知道自己倍受重视，也对未来的工作有个基本概念。比方说，“小金，因为阿美再一个月就要生产，你这个月先接手 ×× 客户。你对纺织业比较熟，也比较懂得掌握客户心态，×× 客户是我们下半年的重要客户，要好好把握。”诸如此类，让他知道你为什么指派他，增加对他的认同，同时也能让他对公司产生更强大的向心力；让他知道这件工作的重要性，他会明白自己接下来要面对的挑战是什么，而不是茫然地不知道该何去何从。

体谅员工的心理，可以避免很多不必要的冲突。很多上位者都忘了用同理心去对待新人，总希望他们一进公司就马上进入状态，忘了自己当初也花了很多时间才全盘了解产业的运作模式。

不管是位居上位者还是身为基层员工者，都应该保持良善的态度去面对共事者。少用命令句，避免使用挑衅的语气，在开口前先设身处地为对方着想。相信团队向心力会越来越强。

第六章 Line来Mail去，当心得罪人

通讯软件

主管、同事、客户、公司群组，小心别“踩雷”！

根据统计，知名通讯软件“LINE”注册用户数已经突破十亿大关，而二十到二十九岁的年轻一族每天平均使用手机时间达232分钟，接近四小时（2015年）。台湾地区人们对于通讯软件的高使用率及依赖性，已全面改变了职场生态。

根据《商业周刊》报道，下属心中不受欢迎主管第一名是“下班后还用LINE谈公事”的主管。有些雇主习惯随时随地用LINE来指派工作，就连在下班时间也是想到要交办的事情就马上传到群组里或私LINE，引发许多员工抱怨与抗议，甚至有新闻说已经造成员工过劳死。

对员工来说，下班时间听到通讯群组不断响起的提醒声，就算明知道下班时间可以不回应，对工作者来说还是会产生莫名的心理压力。有时候连请年假外出旅行放松，回到饭店看到手机里有当天公司群组的对话内容，心情都无法达到真正的放松，上下班的界线越来越模糊，薪资却不见有所增长。

对主管来说也并非百利无一害。有些年轻的职场工作者也会直接用LINE临时请假，夸张者甚至会传出去后不管三七二十一就关机，隔天再现身说明请假原因。有公司因此解雇员工，劳资双方为此告上法庭。

虽然以上坏处许多，但根据对使用实时通讯功能员工的调查，他们认为通信软件最大的好处是可以适时地按照自己的工作步调决定回复时间；原本进行中的工作也不会中断，效率提高。一般来说，也可以省略前言等招呼语或客套话，直接切入重点，节省双方沟通时间。

通讯软件对资方来说当然也有很大的吸引力，“不用开会就能完成任务”是时下许多企业主和主管爱用的主因；且有些雇主进行招募时，也会通过上网搜寻或浏览脸书等方式去了解应征者的特质，借此进一步了解应试者的心理素质和社交状态。

但我要提醒的是，实时通信再方便，也不能取代面对面或打电话这种直接、完整、全面性的沟通。公司主管更要定期与团队成员进行完整会谈与全面性沟通，了解部下执行现况与心理状态。

以下我将针对通信软件的职场沟通，做几个经典案例的说明、解析，最重要的是要理解，通信软件只是沟通的一种工具，要达到双方或多方确实有效的沟通，才是沟通的目的。我们应该因沟通的目的、性质、时间性来选择最适当的通信工具，例如，紧急时就用电话不要传MAIL，与客户正式往来用信件，主管交办简单事项可用实时通信等。

故事案例：

把传送键当成逗号，讯息分成好几句传。

老师分析：

断句错误很容易引起误会。

通信软件因为是文字型的沟通，我建议发送者先写在手机或是计算机的“记事本”里，经过完整性思考，全部写清楚之后通读一遍，确认无误后再贴到 LINE、MAIL 里按下“传送（Send）”键。

就像你在上台报告前，会私下先练习一遍，或是想一下该怎么表达才比较简单、清楚，让接收者能够更快地理解你心中所想的一样，文字沟通也需要先“排演”，而文字的排演就是先通篇写好，润饰，确认文意后再送出。

若你在写的过程中不小心按到发送，可能会引发一连串意想不到的后果。发送键就像炸弹引爆器，你发错的话就会引爆炸弹。尤其是工作上的事情，一边写一边发，很容易引起误会。

断句错误可能引发很多不必要的麻烦，在跟客户通信的过程中，不当的断句更可能会影响公司声誉。近期有个真实案例上了新闻：买家传讯息给卖鞋的卖家：“这次可以不要鞋盒裸着出货吗？”三天后买家收到没有鞋盒的鞋子，大动肝火，放上网络曝光，引发网友争议。

卖家的解读是，“这次可以不要鞋盒，裸着出货吗？”所以卖家便把鞋盒拆了寄给买家。但其实买家想说的是：“这次可以不要‘鞋盒裸着’出货吗？”买家希望卖家在鞋盒外再包装一层，以免鞋盒受损。

因为断句点不同，造成极大的反差，也让经营良久、极重视网络评价的网络卖家因此得到差评，叫苦连天。

在公司同仁的群组里传 LINE 也应该避免分句传话。因为人类接收信息的过程是这样的，在接收信息的第一时间就会先产生一种情绪反应，在第二时间之后又会有另外一种反应。比方说，你用 LINE 发一句话，对于接收者来说不是愉快的事情的话，他已经在第一时间产生不愉快的情绪了，然后你又断断续续地针对同一件事再发另外一些话，分句传送只会让他不好的情绪加乘上去。

不完整的信息更会引来误解。看到前半段不完整的讯息可能就会产生先入为主的想法，在你埋头想要写清楚、说明白的时候，对方可能已经“脑补”完成，伤害便已经造成。而你可能为了赶快弥补，加速写完后半段，结果根本没发现自己用字遣词有错，误会就像滚雪球一样越滚越大。

如此你事后可能得做更多的事情来补救，得不偿失。而人际关系的裂缝，不是一朝一夕就能修补完成的工作。聪明的工作者就会避免这样的事情发生。

故事案例：

传文字信息不用标点符号或滥用标点符号。

老师分析：

不写、乱写标点符号，最容易让接收者误判情势。

在面对面沟通当中，可以通过用字、语气、表情、肢体来传达情绪，而在看不到对方表情和动作的文字沟通中，标点符号就代表了情绪，跟 LINE 的贴图一样，特别是惊叹号和问号更是情绪满点。

比方说，主管用 LINE 在群组里问：“为什么 A 客户突然说要来拜访，有人知道发生什么事了吗？”你可能只是想要单纯表达自己不知道原因而已，却传了一个“发生什么事了？？？”这是有风险的做法。

对项目负责人来说，你传出一连串的问号，就像是在质疑他做了什么（通常是不好的）事情的语气；对主管来说，觉得你情绪起伏大，不够沉稳，担当不了大事情。而如果你只用了一个问号，加上完整说明：“我这边没有接收到任何相关消息。发生什么事了吗？”感觉上就像是同团队的伙伴一样也很关心这件事情，项目负责人会觉得窝心、被关心，主管也会觉得你是个有同事爱、在状况内的好员工。

网络上流传一个很经典的笑话，因为标点符号使用不当而闹出的丑闻，摘录如下。

王大文规定他的儿子每天要写日记，某天晚上他抽查儿子的日记。他查完日记后，对他的妻子大发雷霆。其妻莫名其妙，要求王大文说明原因。他愤怒地打开儿子的日记摊在桌前，其上歪歪扭扭地写着：

“今日陈叔叔来我家玩妈妈，说做完作业后，可以吃点心。然后，陈叔叔夸我作业做得好，于是叔叔抱起了我妈妈，叫叔叔小心一点，之后叔叔又亲了我妈妈，也亲了我奶奶，也亲了我。”

妻大怒，斥问儿子，儿子哭道：

“是我把标点写错了，应该是：今日陈叔叔来我家玩，妈妈说做完作业后，可以吃点心。然后，陈叔叔夸我作业做得好，于是叔叔抱起了我，妈妈叫叔叔小心一点，之后叔叔又亲了我，妈妈也亲了我，奶奶也亲了我。”

虽不知道此网络笑话的真实性，但可见标点符号可能引发的错误认知有多大。标点符号是一种情绪，也是说话断句之处，建议在这个习惯用文字沟通的时代里，先去搞清楚每一种标点符号的用法，以免闹出笑话而不自知。

故事案例：

已读不回（已读的强大力量）。

老师分析：

传 LINE 请求帮忙，把“已读不回”解读成“对方已接受”。

在人际沟通过程中，最常遇见的误解是很多人会认为“我说了，你就应该听到了”“我说了，你就不该再犯了”“我说了、你也读了，就是答应我了”，这种过度一厢情愿的想法，往往引来双方的争论不休，最后总是不欢而散。

收到就要照做？我只能跟你说，没这回事！因为收到和理解是两回事。特别是，当你想要改变一个人的想法时，他没有回应，代表他不理解、不认同，或是他还没决定，但很多人把“我说了啊”当作一种借口，这在职场上是不成立的。

这不只是在文字沟通上很容易产生的误会，在一般现实状况中也有层出不穷的误解。比方说，A说，经理，××产品的营销我想要怎样怎样做。讲完后，B见经理没回应，就插入其他话题展开讨论。会后，A认为他已经报告过了，经理“没有说不行”，就当作是答应了他的营销案。出错后，A义正词严地说：“我那天跟经理说了啊。”甚至还怪经理没担当、推诿责任，事实上是A自己会错意，经理根本没有首肯。

别误会了所谓的“沟通”的真理。你有没有说出口是其次，重点是对方有没有接收到并且同意你的信息。“表达”是要表（说出来），也要达（对方要接收到），“沟通”是有沟之后也要有通才算数。

在通信软件里，这种“单向传输”的方式更常发生。因为很多通讯软件本身的设计，就是新的信息将旧的信息往前推，甚至到一段时间之后就会自动删除旧信息。如果没有实时看见、回复，所造成的误解可说是千奇百怪，什么都有。

比方说，通信软件里的群组讨论，等你发现时已经讨论到第五件事情，但你对第二件事情有重要意见，你这时候插进来，回过头讨论第二件事情，其他人会觉得很错愕，一时之间讨论节奏会乱掉，还有可能有人因此产生误会。

而第二件事情的负责人，可能觉得他的项目已经讨论完，就没那么注意该群组的讨论内容，这时候你所传达的信息可能是至关重要的，而关键人物却没意识到你在讲他的专案，漏掉了——“我不是说这项目的预算必须删减两千万吗！！！”最后就会落得一个这样的下场。

我建议重要信息，务必要当面沟通，确认对方接收到。

不要浪费时间去做无效沟通，到时候出错了，不管是部下或主管都不能将没看到群组讨论当作可以不负责任的借口，奉劝所有工作者都别想利用这个方法侥幸过关。

故事案例：

用贴图代替对话，快速又方便？

老师分析：

严肃话题千万别用贴图代替文字，特别是道歉时更让人火大。

通信软件开发至今衍生出许多可爱、搞笑的“贴图”，对于一些忙碌的人来说，很是方便，只要点选贴图就可以传达丰富的情绪，不管是“OK”“辛苦啦”“拜托你”等，都有很多插画家绘制的意境和贴图文字可以使用。

但千万不要用这么可爱的贴图来沟通严肃的话题，特别是犯了错之后。如果一定要用文字沟通，第一个步骤是要先正视这件事情的严重性，“关于这件事情，我感到很抱歉，因为我的疏忽给您造成这么大的困扰，诚心向您致歉，希望得到您的原谅”，这样谦虚地表达自己的态度，对方心里也会舒坦许多。

但如果你第一时间就用贴图来代替文字道歉，对方会觉得你很没有诚意，对事情一点帮助都没有，甚至会雪上加霜。因为贴图的设计都比较可爱，容易让人感觉轻浮，好像只是个玩笑。如果你的道歉只是个玩笑，对方要如何原谅你呢？

要让别人觉得你是一个稳重的职场工作者，就不要用可爱的贴图来沟通严肃的话题。如果你想用贴图来缓解当下过度紧张的气氛，也应该在你诚心道歉之后，对方已经给予良好的回应，再用可爱的贴图来化解尴尬。若一开始面对严肃的话题时，就用过度轻松的态度来处理事情，会让当事人觉得不被尊重。

而关于讨论“正事”，我建议一律不要用贴图来当作第一回应，不管是工作中的沟通或是人际关系的维系都是如此。假设好友跟你说：“我跟他分手了。”正伤心欲绝，结果你回了一个“喔”或“拍拍”的好笑贴图，好友会觉得你很敷衍，一点都不能理解她的难过心情，造成你们两个的疏离。

贴图不是不能用，而是要了解用的时机、对象，适当使用能让彼此的关系拉近，错误使用可能为自己增添不好的印象。

故事案例：

上司下达命令时，为了避免已读不回，就回了“嗯”。

老师分析：

“嗯”，没有意义，不是正式回话。

现代人常用“嗯”“喔”当作回话，这是无意义的用字，这都是语末助词，比较正确的用法应该是如“今天天气好好喔”这类的。

接收命令后，应该尽量用正确的文字回复，尽量避免用这类语末助词来回复，就连“好喔”都算是比较轻浮的说法，“好的”“是的”才是最精确、稳重的回答。

如果团队是用通信软件沟通，而你是该项目负责人，看到群组里的讨论信息一定要回，特别是主管的发言，一定一定要回复，并且越快回复越好，即便只是“好的，我知道了”这样简单的字句也好。

有些人习惯看到主管指令就先去做了，做了之后再回复状况，中间可能经过一两天才能回复事情的进度。但这样就变成了在第一时间已读不回，让主管干着急绝对没好处。最好的情况是，看到指令后先简单回复“好的，我立刻去办”，然后再定期回报事情的进展。

故事案例：

完全没有任何说明就贴一个网址。

老师分析：

不说明的表达方式很容易让人感到不尊重，尤其是现在诈骗分子这么多。

文字沟通有个好处是可以传图片、档案，或是贴上一个网址，网址点进去甚至是一篇记录完好、图文并茂的网络文章，通过这些，常常可以省去说者的一番唇舌，不用解释太多。

因此，很多人会在群组里贴上一个网址，什么都没说，“你去点开就知道了嘛”，其实这是一种很不尊重他人的行为。面对面、文字沟通都是一样的，尊重有一个很重要的前提是“把动机说清楚”，只有你把动机说清楚才会让人感到被尊重。

比方说，店长传 LINE，“今天下班前把仓库整理好”，店员可能第一时间会心生反抗大喊“为什么”，甚至会觉得今天很衰，无缘无故被店长“电”了。但事实上，如果店长传的讯息是：“总部刚发消息，要求各分店在月底前做完大盘点，麻烦你们今天下班前把仓库的货盘点一下，谢谢。”就可以避免店员们不开心，也会让他们知道所谓“把仓库整理好”是要怎么个整理法。通过你简单的说明，了解你的动机，这样可以避免彼此步骤不同调，也可以把工作做到更完善。

所以，当你只传一个网址，什么都没说明的情况下，接收者第一时间会觉得不舒服，甚至会产生“不知道是什么，我不想点开”的抗拒心态。传出网址或文件、影音档前，请加上简单说明：“××厂商做了一个很有趣的营销活动，传给大家参考。”这样也可以避免大家点开网址后不确定你想要表达的是什么，这个网站的设计很美？这个文案很吸引人？还是这个营销活动的赠品很丰富？

通信软件是现在社会中常见的简易、方便且多元的沟通手段，别忘了你想要达到的目的到底是什么，想办法让对方接收完整，才能让你传出的信息不漏接。

故事案例：

在群组里谈论个人的话题，或是可以私下交代的工作，却要在群组里讲。

老师分析：

千万不要在群组里讨论个人私事。

可以两个人讨论的话题，请私信好了。这是很显而易见的道理，就像不该在公开场合咬耳朵、不应该背后说人坏话一样，都是基本的社交道德与规范。如果在群组里公开讨论私人话题，很容易引起争执，而其中两人吵架，对群组里的其他人来说也很不公平，难免会有人产生“看好戏”的心态，对团队的风气来说更是有害无益。

但有些人是故意将私人恩怨变成公诸天下的大恩怨，为了要让大家知道这件事情，刻意在群组里讲，希望让上级或是其他同事帮他、声援他，有一种拉同盟的想法。这么做反而会把事情越弄越拧，因为和你起争执的对象，知道大家在看，为了捍卫自己的名誉或观点，绝对会力争到底。

一旦上了台面事情势必变得更加复杂。工作上可以“私下协商”的事情就不要闹大，除非是和其他工作者相关的内容，才有必要让相关人士了解情况。

而主管在指派一个人工作时，也尽量私信就好，“小安，为什么你还没把设计图交上来？”这样的话在群组里直接说，被指派任务的员工有“你这样会让我在同事面前很丢脸”的感觉，即使他有充分理由，也会觉得自己被主管你甩了巴掌。除非这工作需要让其他部门的人了解，不然一对一的沟通也可以让员工感到被尊重。

故事案例：

在群组里“热烈讨论”事情。

老师分析：

LINE 或 MAIL 是报告或交办事项的工作，而不是讨论的工具。

我认为很重要的一点是，LINE 或 MAIL 是报告或交办事项的工作，而不是讨论的工具。议题复杂度高、有急迫性、重要性高、敏感度高（例如辞职、调薪、请调等），仍需当面沟通，而一般情况下，打电话是完整讨论的工具，群组讨论仅是职场上用来作最后确认的，或是作为会议记录。

假设一个情况，群组里有总经理、经理、副理、专员四个人，当副理询问经理："我今天要跟 A 客户见面，请问有什么要特别交代或是跟对方沟通的吗？"如果我是经理，我一定会在群组里写"请打电话沟通"，因为这是需要他们双方完整沟通的，不是片面交办事项就可以解决的事情，需要多次往来的讨论请直接打电话，不要靠文字来回传递。

随着智能手机、通信软件以及社群媒体全面浸透到民众的生活及工作中，透过 LINE、WhatsApp、微信等软件沟通、聊天，实时且方便。但若是使用通信软件作为工作上的沟通工具时，的确会产生很多执行上的断点，讨论无法一气呵成，因为这些通讯软件本来就不是设计用来工作的。

如果讨论出现断层、意见相左等状况，出现翻脸不认人的时候，电子化的另一个好处就是“凡走过必留下痕迹”，你所有传过的只字片语都会变成物证，所有文字型的沟通会在出事的时候成为“呈堂证供”，要特别小心面对。

尤其是你有情绪的时候，在情绪化的当下，文字的处理都特别粗糙，而被惹火的对方，只要将你所有写过的字句，情绪化的、带有攻击性的统统整理起来一比对，就直接将你的“军”了，这杀伤力极大。

我在职场多年，就看过不少人因为“留下文字记录”而遭遇纠纷、淘汰。请记得当得到快速、简易等好处的同时，也容易因此过于放松，导致负面的后果。希望读者能学会沟通技巧，不要因为一时的气愤就影响到自己的大好前程。

故事案例：

抄送的艺术。

老师分析：

请照顾被抄送者的心情。

在使用电子邮件的众多礼节当中，我想特别提醒读者的是，要特别注意被抄送邮件的同事心情。

比方说，当你写信给经理报告项目总结时，抄送给同团队的B、C、D、E，“我已经在周一将这个案子成功完成了”，同时收到信的队友们心里一定不舒服，你应该改成“‘我们’在周一将这个案子成功完成了”，特别是你身为项目负责人的时候，可以一一点名写出队友的辛劳，这次经过B帮忙了什么，C怎样，D特别做了什么让这件事更顺利进行。让队友觉得自己被重视、付出的努力被看到，不要让同事觉得你一把揽下所有功劳。

当然也有一种抄送是故意的、带有报复性质的。比方说，你写信给主管告状A，虽然信件中没指名道姓，但明眼人都看得出来你在指桑骂槐，如果你还故意抄送给A，更是明确地让主管知道你就是在讲A，同时A也知道你在跟主管抱怨。但是，除非你决定要跟这个合作伙伴从此决裂，不然我觉得这样做很不理智。

抄送的艺术很微妙，比较年长、重视职场伦理的大主管，还会在意收件者的顺序，职位需由大到小，这是一种职场伦理，年轻工作者在这方面需更小心谨慎，才能当个上道的工作者。

/ 后记 /

从学校毕业，进入职场开始的那一天，就深深觉得沟通是一件非常困难的事，从事传播与营销等相关工作多年，也都是处理和人有关的议题，几乎每天都在思考“关于人的事”，或许因为这样的成长历练，自己对人特别敏感，于是在年纪渐长之后，开始分析说话方式、进行口语研究、探讨人际沟通、钻研说服谈判，希望把更专业的知识、理论与技巧分享给大家。

这本书的诞生，花了好长的时间，谢谢尖端出版的协助，协助文字整理与编辑 Vivi 与月熏、美编碧云、排版惠锦、封面摄影昱翰、造型设计德竞，因为有他们，让这本书变得很完美。还要谢谢我的好友以及我的学生们愿意推荐或写下短文，支持我的想法。

这本书从听话技巧与接话技巧切入，分成四大面向，面对老板、面对下属、面对同事、面对客户，将我在授课与研究中的心得分享给大家。这本书中的文字并不是要把你沟通的对象设想成居心叵测，因为在台湾地区的社会当中，有太多的人不直接表达出心中的想法，常让人觉得这样子的表达方式太拐弯抹角，使沟通陷入困境。但愿书中所有的内容，对你都是有帮助的，也能让你重新思考职场当中的人际互动应该是怎么一回事。

这本书所提到的所有内容，都是在研究分析实际案例的过程中得出的因应之道，并且提出了 GAS 的分析思考。“GAS 口语魅力培训”发展至今已经超过 10 年，10 年来已经影响数万名学员，他们来自不同行业，包括金融、科技、医疗、传产、文创、传媒、服务等，有企业的高阶经理人、中阶主管、基层员工，也有自由工作者，很多学员都曾表示，这套课程对他们帮助很大。衷心希望这本书也是。